못 말리는 과학 방송국
❻

못 말리는 과학방송국

6
정수론의 역사

글 정완상 | 그림 임정호

정완상 교수의
신나는
과학사 이야기

살림어린이

전기에 대한 연구는 누가 처음 시작했고 어떻게 발전했을까? 우리 주위의 기체는 누가 발견했을까? 수는 어떻게 발견되어 어떻게 발전했을까? 아마도 이런 호기심을 가진 어린이들이 많을 것입니다. 그래서 이 시리즈에서는 과학의 각 주제에 대해서 발견의 역사를 더듬어 보았습니다. 학생들의 이해를 돕기 위해 '뉴스', 'PD 사이언스', '그 과학자가 보고 싶다', '사건 사고 뉴스', '광고' 등을 도입하여 과학 발견의 역사를 쉽게 이해할 수 있게 했습니다. 그리고 마지막에는 과학 시트콤을 통해 과학자들의 업적도 재미있게 알 수 있도록 했습니다.

저는 KAIST에서 이론물리학을 공부하고 대학에 와서 물리학과 수학을 가르쳐 왔습니다. 그래서 그동안 대학에

서 연구한 내용과 강의했던 내용을 토대로 이 책을 집필하게 되었습니다. 그동안 초등학생들을 위한 많은 과학책을 쓰면서 과학의 역사를 아이들에게 정리해 주고 싶었는데, 마침 이번 시리즈 작업이 좋은 기회가 되었던 것 같습니다. 이 책을 쓰면서 저 자신도 과학의 역사를 제대로 알 수 있었고, 전에는 알지 못했던 새로운 과학자도 만나게 되어 즐거웠습니다.

이 책은 과학 영재를 꿈꾸는 초등학생과 중학생들에게 권하고 싶습니다. 훌륭한 과학자가 되려면 그동안 과학자들은 어떤 일을 해 왔는가를 알아야 합니다. 그래야 미래의 과학자가 될 학생들이 자신은 무엇을 연구해야 할지 알 수 있을 테니까요. 그런 의미에서 이 책이 과학자를 꿈꾸는 많은 어린이들에게 큰 도움을 줄 수 있기를 희망합니다.

　끝으로 이 책을 출간할 수 있도록 배려하고 격려해 준 살림출판사의 강 국장님과 배 팀장 그리고 살림출판사의 모든 식구들에게 감사를 드립니다. 또한 자료 작업과 기타 책 집필에 관계된 자질구레한 일들을 도와준 과학창작동아리 SciCom의 모든 식구들에게 감사드립니다.

진주에서
정완상

차 례

머리말 5

과학 방송국이 어떻게 생겼냐고요? 12

'과학 방송국'의 중요 인물들 14

1. 수가 여러 가지로 분리된다고?

뉴스 피타고라스, 홀수와 짝수를 발견하다 17

뉴스 피타고라스, 완전수를 찾다 21

뉴스 피타고라스학파,
수에도 친구가 있음을 발견 25

광고 수를 사랑한 피타고라스 28

뉴스 부부가 돼야 하는 운명 29

시청자 과학 31

2. 1부터 100까지 모두 더하려면?

- 뉴스 초등학생 가우스,
  1부터 100까지의 합을 몇 초 만에 계산 41
- 뉴스 피타고라스, 도형수를 정의하다 44
- 뉴스 가우스, 사각수와 홀수 합과의 관계 알아내 48
- 사건 사고 소식 무슨 이자가 이렇게 많아요? 51
- 뉴스 피타고라스, 조화수열과 음악의 관계 풀어 56
- 그 과학자가 보고 싶다 천재적인 수학 학습법
  – 프리드리히 가우스 60
- 시청자 과학 65

3. 소수는 어떻게 발명됐을까?

- 뉴스 유클리드, 소수를 발견하다 73
- 뉴스 기원전 6500년, 소수 사용 증거 발견 77
- 뉴스 에라토스테네스, 소수 찾는 방법 개발 79
- 뉴스 유클리드, 소수가 무한히 많음을 증명 84
- 뉴스 유클리드, 쌍둥이 소수 발견 88
- PD 사이언스 완전수를 만드는 공식 91
- 사건 사고 소식 혜성처럼 나타난 섹시 듀오
  3137 돌풍 94
- 시청자 과학 97

4. 소수를 찾으려면 어떻게 해야 할까?

- **뉴스** 페르마, 소수 공식 발표　103
- **뉴스** 오일러, 페르마의 소수 공식이 옳지 않음을 지적　106
- **뉴스** 페르마, 소수와 제곱수 사이의 관계 찾아　109
- **뉴스** 메르센, 새로운 소수 공식 발표　111
- **광고** 메르센 소수 기념우표를 사세요　114
- **뉴스** 915만자리 메르센 소수 발견　115
- **뉴스** 오일러, 자신의 소수 공식 발표　118
- **사건 사고 소식** 나소수 씨, 새로운 소수 공식 해프닝으로 끝나　120
- **시청자 과학**　123

5. 페르마의 마지막 정리란?

- 뉴스 피타고라스, 피타고라스 정리를 만족하는 삼중수 발견 129
- 뉴스 페르마, 마지막 정리 발표 133
- 뉴스 일본 수학자, 페르마 정리 연구 중 자살 135
- 그 과학자가 보고 싶다 페르마의 마지막 정리를 증명한 앤드루 와일스 137
- 뉴스 와일스, 수학의 노벨상인 필즈메달 못 받아 141
- 시청자 과학 144

★ SBC 과학드라마

마을금고의 비밀번호를 찾아라 149

이 책에 나오는 과학자들 191

과학 방송국이 어떻게 생겼냐고요?

서기 2040년, 지구의 국가들은 하나의 국가로 통일되었습니다. 그리고 초대 지구대통령이 선출되었습니다. 이때까지만 해도 과학은 눈부신 발전을 이루었습니다.

그러나 서기 2050년, 두 번째 지구 대통령으로 안티싸이가 선출된 후 과학은 위기를 맞이하였습니다.

"과학은 인류의 적입니다. 그러므로 과학을 이 세상에서 영원히 추방하여야 합니다!"

안티싸이는 자신이 과학을 매우 싫어한다는 이유로 과학자를 탄압하기 시작하였죠. 그는 이에 반발하는 각 연방과학자들을 총과 칼로 협박하고, 그럼에도 뜻을 굽히지 않는 과학자들은 다른 은하로 추방하기에 이르렀습니다.

안티싸이의 독재정권 때문에 전 지구에는 과학의 암흑기가 찾아왔습니다. 과학에 관한 자료와 서적들은 불타 없어지고, 과학이론에 관해 연구하거나 가르치는 사람들은 처벌되었습니다.

　안티싸이의 정권이 물러난 이후에도 과학은 여전히 암흑기를 맞고 있었습니다. 과학 자료도 없고 과학을 연구한 사람들도 없었기 때문에 사람들은 매우 우수한 공학기술을 사용하면서도 그것이 어떻게 만들어진 건지 그 원리를 몰랐습니다. 그러던 중 다른 은하나 행성으로 추방당했던 과학자들이 지구로 돌아오고, 지구에는 서서히 과학을 다시 부활시키려는 움직임이 일어나고 있었습니다.

　2100년, 드디어 한 과학자가 대통령이 되면서 '신르네상스 - 과학의 부활'이라는 새로운 계획을 발표하였습니다. 그 계획의 시작으로 사람들에게 과학을 재미있게 가르쳐 주기 위한 'SBC - 과학 방송국'이 세워집니다. 이 방송국은 웜홀을 통해 과거의 과학자를 데리고 오거나 특파원을 과거로 보내면서 국민들에게 가장 인기 있는 방송국이 되었고, 국민들은 이 방송을 통해 과학과 친숙해졌습니다.

　자, 이제 시간과 공간을 뛰어넘는 재미있는 과학자들의 방송 속으로 여러분들을 초대합니다.

'과학 방송국'의 중요 인물들

메인앵커 겸 PD (남)
30대 중반. 점잖지만 간혹 오버를 하는 캐릭터.

와핑 기자 (남)
시공간을 돌아다니며 취재를 하는, 20대의 젊고 끼가 있는 기자. 꽃미남 스타일이며 재치 있는 언변으로 시청자들에게 인기가 있다.

아미슈 (여)
약간 터프한 이미지의 노처녀 사회자로 과학자와의 면담을 재미있게 이끌어 나간다. 간혹 아는 척을 하다가 망신을 당하기도 하고 당돌한 면도 있다.

피타고라스, 홀수와 짝수를 발견하다

– 기원전, 그리스

안녕하십니까? 피타고라스가 사람이 여자와 남자로 분류되듯이 수도 두 종류로 분류될 수 있다는 사실을 알아냈다고 합니다. 와핑 기자를 불러 자세한 소식을 들어 보겠습니다.

와핑: 와핑입니다. 저는 지금 피타고라스 정리로 유명한 피타고라스를 만나러 왔습니다. 선생님, 수를 어떻게 남자와 여자처럼 둘로 나눈다는 거죠?

피타고: 간단합니다. 두 개씩 묶어서 남는 게 없는 수와 하나가 남는 수로 나누면 됩니다.

17

이해가 잘 안 되는데요.

우리는 수를 분류하는 걸 좋아합니다. 예를 들어 2, 4, 6은 두 개씩 짝을 지으면 남는 게 없지요? 이런 수들을 우리는 짝수라고 부르지요. 반면에 1, 3, 5와 같은 수는 2개씩 묶으면 하나가 남잖아요? 우린 이런 수를 홀수라고 부릅니다.

간단하군요. 하지만 1758처럼 큰 수가 짝수인지 홀수인지는 어떻게 알죠?

간단합니다. 일의 자릿수만 보면 돼요. 일의 자릿수가 0, 2, 4, 6, 8로 끝나는 수는 짝수이고, 1, 3, 5, 7, 9로 끝나는 수는 홀수이니까요.

그럼 1758은 짝수군요?

당연하죠. 우리는 짝수와 홀수로 수를 분류하면서 수에 재미있는 성질이 있다는 것을 알아냈습니다.

어떤 재미있는 성질이죠?

예를 들어 덧셈의 규칙은 다음과 같아요.

(짝수) + (짝수) ⇒ (짝수)
(짝수) + (홀수) ⇒ (홀수)
(홀수) + (짝수) ⇒ (홀수)
(홀수) + (홀수) ⇒ (짝수)

 곱셈에도 규칙이 있나요?

 물론이죠. 다음과 같습니다.

(짝수) × (짝수) ⇒ (짝수)
(짝수) × (홀수) ⇒ (짝수)
(홀수) × (짝수) ⇒ (짝수)
(홀수) × (홀수) ⇒ (홀수)

 재미있는 성질이군요. 오늘 인터뷰 감사합니다. 지금까지 짝수와 홀수로 자연수를 분류한 피타고라스와의 인터뷰였습니다.

피타고라스, 완전수를 찾다

— 기원전, 그리스

　수의 분류에 재미를 붙인 피타고라스가 이번에는 약수를 이용해 완전한 수를 찾았다고 해서 화제가 되고 있습니다. 어떤 수가 완전수인지 현장에 나가 있는 와퐁 기자를 불러 보겠습니다.

 피타고라스 선생님, 또 뵙네요.

 반갑군요.

 완전한 수라는 게 뭐죠?

 완전수 말이군요. 6의 약수가 뭐죠?

1, 2, 3, 6이지요.

 거기에서 6을 지우면요?

 1, 2, 3이요.

 이렇게 자기 자신을 제외한 나머지 약수를 그 수의 진약수라고 부르기로 했어요. '진정한 약수'라는 뜻이죠. 그럼 진약수를 모두 더해 보세요.

 1+2+3=6이군요.

 어때요? 6은 자신의 진약수 합과 같지요? 이런 수를 완전수라고 부른답니다.

 그렇다면 완전수가 아닌 수는 어떤 수입니까?

 8의 약수는 뭐죠?

 1, 2, 4, 8이요.

 8의 진약수는요?

1, 2, 4지요.

진약수를 모두 더하면 1+2+4=7이고, 이 값은 원래의 수인 8보다 작죠? 이런 수를 부족수라고 불러요. 이번에는 12의 진약수를 모두 말해 보세요.

1, 2, 3, 4, 6입니다.

모두 더해 보세요.

1+2+3+4+6=16이군요.

진약수의 합이 원래의 수보다 크죠? 이런 수를 과잉수라고 부른답니다.

그럼 자연수는 부족수, 완전수, 과잉수로 나뉠 수 있군요.

그렇지요.

고맙습니다. 지금까지 완전수를 정의한 피타고라스와의 만남이었습니다.

피타고라스학파, 수에도 친구가 있음을 발견

− 기원전, 그리스

　수를 만물의 근원으로 여기는 피타고라스학파가 이번에는 어떤 두 수가 친구가 될 수 있다는 사실을 발표해 많은 사람들이 궁금해하고 있습니다. 자세한 소식을 와핑 기자가 전합니다.

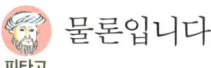 저는 지금 피타고라스학파 사람들이 모여 있는 캠퍼스에 와 있습니다. 지금 제 앞에는 피타고라스학파의 짱인 피타고라스가 나와 있습니다. 선생님, 두 수가 친구가 될 수 있다는데, 그게 사실인가요?

물론입니다.

어떤 두 수가 친구가 되는 거죠?

 284의 진약수를 모두 구해 보세요.

 1, 2, 4, 71, 142이죠.

 이 수들을 모두 더하면 얼마죠?

 1+2+4+71+142=220이군요.

 284의 진약수 합이 220이 되었죠? 이번에는 220의 진약수를 모두 구해 보세요.

 1, 2, 4, 5, 10, 11, 20, 22, 44, 55, 110이요.

 모두 더해 보세요.

1+2+4+5+10+11+20+22+44+55+110=284 네요.

 어때요? 220의 진약수 합은 284이죠? 이렇게 한 수의 진약수를 모두 더하면 다른 수가 나오는 두 개의 수가 있답니다. 얼마나 사이가 좋으면 이러겠어요? 그래서 나는 이들 두 수를 친구수라고 정의했어요.

정말 놀라운 발견인 것 같습니다. 지금까지 친구수를 발견한 피타고라스와의 만남이었습니다.

광고

수를 사랑한 피타고라스

지은이 : 피사모(피타고라스를 사랑하는 사람의 모임)
출판사 : 삐딱수학프레스

수를 만물의 근원이라고 여기고 수에 대한 많은 연구를 통해 수많은 제자를 길러낸 피타고라스의 수론을 완벽하게 이해할 수 있는 새로운 차원의 수학책이 드디어 출간됐다. 이 책에는 약수와 배수의 정의, 완전수, 친구수, 부부수에 관한 재미있는 얘기와 유명한 피타고라스 정리가 자세하게 소개돼 있다.

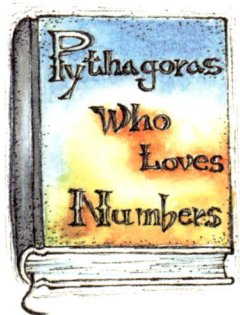

"정말 놀라운 책입니다. 이 책을 읽는 순간 당신의 아이는 수를 사랑하게 될 것입니다. 물론 당신의 아이는 수학 영재가 되겠지요. 주저하지 마시고 서점으로 달려가세요. 그럴만한 충분한 가치가 있으니까요."

- 신르네상스 대학교 수학과 교수 삐쩍말라스

부부가 돼야 하는 운명
- 12세기, 인도

　최근에 75세 노인이 48세 여인과 부부의 연을 맺는 일이 종종 벌어지고 있습니다. 이것은 최근에 출간된 피사모가 쓴 화제의 책 『수를 사랑한 피타고라스』에 소개된 부부수 때문이라고 합니다.

　부부수에 대해 자세히 알아보겠습니다. 48의 약수는 1, 2, 3, 4, 6, 8, 12, 16, 24, 48이며, 여기에서 1과 자기 자신을 뺀 수는 2, 3, 4, 6, 8, 12, 16, 24가 되고, 이 수를 모두 더하면 75가 됩니다. 그런데 75의 약수는 1, 3, 5, 15, 25, 75이고 여기에서 1과 자기 자신을 뺀 수인 3, 5, 15, 25를 더하면 48이 되지요. 피타고라스 이론에 따르면, 이

렇게 한 수의 약수 중에서 1과 자기 자신을 뺀 나머지 약수들의 합이 다른 수와 같을 때 이 두 수를 부부수라고 부르는데, 이 때문에 75세와 48세가 부부로 조화를 이룰 수 있다고 합니다.

아무튼 피사모를 주축으로 나이가 부부수에 해당하는 많은 남녀가 결혼에 속속 골인하고 있는데, 최근에는 남자가 48세이고 여자가 75세인 부부도 탄생했다고 하여 주위 사람들을 놀라게 하고 있습니다. 이상 SBC 뉴스였습니다.

시청자 ★ 과학

{ 안녕하세요. 시청자 과학을 진행하는 쿨레클린입니다. 뭐든지 물어보세요. 22세기 첨단 과학이 낳은 과학 자동 답변기가 친절히 답변해 드리겠습니다. }

짝수와 홀수는 일반적으로 어떻게 나타낼 수 있나요?

몇 개의 짝수를 보죠. $2=2\times1$, $4=2\times2$, $6=2\times3$, $8=2\times4$가 됩니다. 다시 말해서 짝수는 2와 자연수의 곱으로 나타낼 수 있습니다. 즉, 짝수는 $2\times n$의 꼴이지요. 여기에서 n은 자연수입니다. 또한 홀수는 $1=2-1$, $3=4-1$, $5=6-1$, $7=8-1$과 같이 쓸 수 있습니다. 이것을 다시 쓰면 $1=2\times1-1$, $3=2\times2-1$, $5=2\times3-1$, $7=2\times4-1$로 할 수 있어요. 즉, 홀수는 2와 자연수의 곱에서 1을 뺀 수입니다. 그러므로 홀수는 $2\times n-1$의 꼴로 나타낼 수 있습니다. 물론 여기에서 n은 자연수입니다.

약수와 배수는 누가 가장 처음에 정의했나요?

어떤 수를 나누는 수를 약수라고 하고, 어떤 수에 자연수를 곱해 만들어지는 수를 그 수의 배수라고 합니다. 예를 들어 $6=2\times3$이므로 2와 3은 6의 약수이지요. 또한 6은 2의 3배이므로 2의 배수가 됩니다. 약수와 배수는 곱셈과 나눗셈을 알면 바로 정의될 수 있는 성질로서 누가 가장 먼저 약수와 배수라는 단어를 사용했는지는 알려져 있지 않습니다. 아마도 아주 오래 전에 바빌로니아 사람들이나 이집트 사람들이 처음 사용했을 것으로 추정되고 있지요.

배수의 판정법을 알려 주세요.

다음과 같은 판정법이 있습니다.

2의 배수 : 일의 자릿수가 0, 2, 4, 6, 8

3의 배수 : 각 자릿수의 합이 3의 배수

4의 배수 : 끝의 두 자릿수가 4의 배수

5의 배수 : 일의 자릿수가 0, 5

6의 배수 : 짝수이면서 동시에 3의 배수

8의 배수 : 끝의 세 자릿수가 8의 배수

9의 배수 : 각 자릿수 간의 합이 9의 배수

10의 배수 : 일의 자릿수가 0

7의 배수 판정법도 있나요?

7의 배수 판정법은 몇 자릿수인가에 따라 달라집니다. 세 자릿수에 대한 7의 배수 판정법은 다음과 같습니다.

- 세 자릿수에서 맨 끝 자릿수의 2배를 나머지 숫자에서 뺀 수가 7의 배수이면 그 수는 7의 배수이다.

예를 들어 468이 7의 배수인지 아닌지를 알아봅시다. 468의 끝 자릿수는 8이고, 나머지 두 자릿수는 46이지요. 이때 $46-8\times2=30$이고, 30이 7의 배수가 아니므로 468은 7의 배수가 아닙니다.

이번에는 7의 배수가 되는 경우를 봅시다. 예를 들어 406을 보지요. 맨 끝 자릿수는 6이고 나머지 수는 40이지요. 이때 $40-6\times2=28$이 7의 배수이므로 406은 7의 배수가 됩니다.

11의 배수 판정법을 알려 주세요.

• 어떤 수의 홀수 번째 자리 숫자의 합과 짝수 번째 자리 숫자의 합이 같거나 그 차가 11의 배수이면, 그 수는 11의 배수이다.

예를 들어 12463을 보지요. 홀수 번째 자리 숫자의 합은 8(1+4+3)이고, 짝수 번째 자리 숫자의 합은 8(2+6)입니다. 홀수 번째 자리 숫자의 합과 짝수 번째 자리 숫자의 합이 같지요? 그러므로 12463은 11의 배수입니다.

다른 예를 봅시다. 9196을 보지요. 홀수 번째 자리 숫자의 합은 7(1+6)이고 짝수 번째 자리 숫자의 합은 18(9+9)입니다. 홀수 번째 자리 숫자의 합과 짝수 번째 자리 숫자의 합의 차는 11이므로 9196은 11의 배수가 됩니다.

완전수 6의 성질을 알려 주세요.

6은 재미있는 성질이 많습니다.

6=1+2+3

$6 = 1 \times 2 \times 3$

$6^2 = 1^3 + 2^3 + 3^3$

$6^3 = 3^3 + 4^3 + 5^3$

6 이외의 완전수에는 어떤 수가 있나요?

여섯 개의 완전수를 차례로 써 보면 다음과 같습니다.

6, 28, 496, 8128, 33550336, 8589869056

완전수의 성질을 알려 주세요.

완전수에는 재미있는 성질이 몇 가지 있습니다.

① 완전수는 항상 연속되는 자연수의 합으로 표현됩니다.

$6 = 1 + 2 + 3$

$28 = 1 + 2 + 3 + 4 + 5 + 6 + 7$

$496 = 1 + 2 + 3 + 4 + 5 + 6 + 7 + 8 + 9 + \cdots + 30 + 31$

$8128 = 1 + 2 + 3 + 4 + 5 + 6 + 7 + 8 + \cdots + 126 + 127$

② 완전수는 모두 짝수입니다.

증명은 되지 않았지만 현재까지 발견된 완전수는 모두

짝수입니다.

③ 6보다 큰 완전수의 각 자릿수 합은 9로 나눈 나머지가 1인 수입니다.

6을 제외한 완전수들의 각 자릿수를 더해 봅시다.

$$2+8=10$$
$$4+9+6=19$$
$$8+1+2+8=19$$
$$3+3+5+5+0+3+3+6=28$$
$$8+5+8+9+8+6+9+0+5+6=64$$

이때 10, 19, 28, 64를 9로 나눈 나머지는 모두 1이 됨을 알 수 있습니다.

④ 6을 제외한 모든 완전수는 다음과 같이 연속된 홀수의 세제곱의 합이 됩니다.

$$1^3+3^3=28$$
$$1^3+3^3+5^3+7^3=496$$
$$1^3+3^3+5^3+7^3+9^3+11^3+13^3+15^3=8128$$

친구수를 좀 더 알려 주세요.

220, 284 이외에도 친구수는 많이 있습니다. 예를 들면 다음과 같은 수들이 친구수이죠.

1184와 1210

17296과 18416

9363584와 9437056

chapter. 2

1부터 100까지 모두 더하려면?

초 6 여러 가지 문제
중 2 수와 식의 계산

초등학생 가우스, 1부터 100까지의 합을 몇 초 만에 계산

- 1786년, 독일

독일의 한 초등학생 소년이 1부터 100까지 자연수를 모두 더하라는 문제를 단 몇 초 만에 계산해 내 사람들을 깜짝 놀라게 하고 있습니다. 화제의 주인공인 가우스 소년을 와핑 기자가 만나 보았습니다.

와핑: 지금 몇 살이죠?

가우스: 10살이에요.

와핑: 1부터 100까지 자연수를 더하려면 시간이 엄청 걸릴 것 같은데, 어떻게 그렇게 빨리 계산한 거죠?

가우스: 수를 들여다보면 규칙이 나와요.

그게 무슨 말이죠?

 1+2+3+4+5+6+7+8+9+10을 보세요. 이 식을 다음과 같이 순서를 바꿀 수 있어요.

(1+10)+(2+9)+(3+8)+(4+7)+(5+6)

그럼 괄호 안의 합은 얼마가 되죠?

 모두 11이 되는군요.

 맞아요. 그럼 11이 다섯 개 있으니까 1부터 10까지의 합은 55가 되는 거예요. 마찬가지로 1부터 100까지의 합은 다음과 같이 묶을 수 있지요.

(1+100)+(2+99)+ ⋯ +(50+51)

각 괄호 안에 있는 두 수의 합은 모두 101이 되지요. 그럼 전체적으로 101이 50개 있으니까 1부터 100까지의 합은 5050이 되는 거예요. 나는 이 방법을 써서 간단하게 계산했어요.

정말 대단합니다. 수학 천재의 탄생입니다. 앞으로 가우스가 어떻게 수학의 역사를 바꿀 것인지 모두 주목해 주십시오. 지금까지 100까지의 합을 단 몇 초 만에 속셈으로 계산한 수학 천재 가우스와의 인터뷰였습니다.

피타고라스, 도형수를 정의하다

— 기원전, 그리스

피타고라스가 이번에는 도형 모양으로 배열된 수에 대한 연구 결과를 발표했습니다. 자세한 소식을 와핑 기자가 전해 드리겠습니다.

 도형수라는 게 뭐죠?

 우선 삼각수에 대해 알려 드리죠. 삼각수는 다음과 같이 삼각형 모양으로 수를 배열하는 것을 말합니다.

삼각형 모양이죠? 이때 사용된 점의 개수를 차례로 적으면 다음과 같습니다.

1, 3, 6, 10

이 수들을 삼각수라고 부릅니다.

간단하군요. 그럼 사각형을 이루는 수도 있나요?

 그건 사각수라고 합니다. 다음 그림을 보세요.

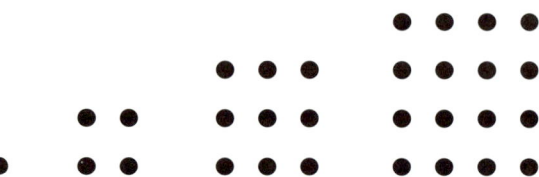

각각의 점의 개수를 헤아려 보세요.

 1, 4, 9, 16이네요.

 그게 바로 사각수입니다. 사각수를 자세히 보면 다음과 같습니다.

$1 = 1^2$
$4 = 2^2$
$9 = 3^2$
$16 = 4^2$

와핑: 잠깐만요, 1^2에서 1 옆에 있는 2의 의미가 뭐죠?

피타고: 제곱입니다. 그 수를 두 개 곱한다는 뜻이에요. 즉 $2^2=2\times2$, $3^2=3\times3$ …… 이런 식이죠.

와핑: 재미있군요. 지금까지 삼각수와 사각수를 발견한 피타고라스와 이야기를 나누어 보았습니다.

잠깐!

도형수란?

도형을 수와 관계 지은 것으로 도형의 형태로 배열되는 수를 말한다. 도형의 모양에 따라 삼각수, 사각수 등이 있다.

가우스, 사각수와 홀수 합과의 관계 알아내

— 19세기 초, 독일

    수의 천재 가우스가 홀수들의 합을 구하면 사각수가 된다는 사실을 처음으로 알아냈다고 합니다. 어떤 원리로 찾아냈는지 와핑 기자가 만나 보겠습니다.

 또 만났군요.
와핑

 반가워요.
가우스

 홀수들의 합이 사각수가 된다는 게 무슨 말이죠?
와핑

 다음 그림을 보세요.
가우스

● + ●●● + ●●●●●

1+3+5입니다. 자연수의 처음 세 홀수를 더한 거죠?

 그렇군요. 다 더하면 9가 되는군요.

 맞아요. 1+3+5=9가 되어 사각수가 되지요. 왜 사각수가 되는지를 그림으로 설명할 수 있어요.

 어떻게요?

 사각형을 다음과 같이 그려 보세요.

검은 점의 개수는 1개, 푸른 점의 개수는 3개, 붉은 점의 개수는 5개죠? 이 점들을 모아서 사각형을 만들면 9개의 점이 필요하지요. 정리해 보면 $1+3+5=9=3^2$이 되는 거예요.

 정말 신기하군요. 지금까지 수의 천재 가우스의 새로운 홀수 덧셈법에 대해 알아보았습니다.

무슨 이자가 이렇게 많아요?

등비수열과 관련된 큰 사건이 발생했습니다. 등비수열이란 어떤 수에 일정한 수를 곱한 수들의 배열을 말하는데, 자세한 소식을 와핑 기자가 취재했습니다.

 억울한 일을 당하셨다고요?
와핑

 그러게요. 제가 계산을 좀 못하기는 해도 이번 일은
어굴해 너무 억울해요.

 무슨 일인데요?
와핑

 제가 하인을 한 명 고용했어요. 아무래도 똘똘한 사람
어굴해 이 나을 것 같아 수학을 잘한다고 소문난 수코라 군을

채용했지요. 그래서 일당을 얼마로 하면 좋겠느냐고 했더니 수코라 군이 1원만 달라는 거예요.

너무 적은 거 아니에요?

그래서 다시 물어보았지요. 정말 1원만 달라고 하더군요. 단, 매일 두 배씩 올려달라고 하면서요. 따져 봤더니, 내일은 2원, 다음날은 4원, 그 다음날은 8원 …… 이런 식이니까 얼마 안 되잖아요? 그래서 계약을 했어요. 그런데 사고가 난 거예요.

어떤 사고죠?

갑자기 외국에 갈 일이 있어 30일 만에 돌아와 보니까 수코라 군이 청구한 금액이 놀랍게도 10억 7,374만 1,824원인 거예요.

무슨 일당이 그렇게 많이 나오죠?

그러니까 억울하다는 거죠. 아무래도 수코라 군이 사기를 친 것 같아요.

그런 것도 같군요. 아무튼 지금까지 어굴해 씨의 하인 수코라 군이 요구한 10억 원 이상의 임금에 대한 보도였습니다.

 수고했어요, 와핑 기자. 지금 이 자리에는 등비수열 전문가인 고패라 박사가 자리해 있습니다. 과연 수코라 군이 요구한 일당이 맞는지 자세히 알아보겠습니다. 결론부터 물어보겠습니다. 수코라 군이 요구한 일당이 맞나요?

 맞습니다.

 무슨 임금이 한 달에 10억 원이 넘는 거죠?

 그게 등비수열의 힘입니다. 첫째 날 수코라 군은 1원을 받습니다. 둘째 날은 1원의 두 배인 2원, 셋째 날은 2원의 두 배인 4원을 받게 되지요. 여기에서 $4=2^2$입니다. 넷째 날은 4원의 두 배인 8원을 받는데 $8=2^3$이고요. 이런 식이라면 30일째 되는 날에는 2^{29}원을 받게 됩니다. 그러므로 수코라 군이 30일 동안 받아

야 할 돈은

$$1+2+2^2+2^3+ \cdots\cdots +2^{29}$$

이 되지요. 이것을 모두 더하면 10억 7,374만 1,824원이 되는 것입니다.

놀라운 일이군요. 1원에서 시작해서 30일 만에 이렇게 큰돈을 만들 수 있다니 말입니다. 어쨌든 계약은 계약이니 어굴해 씨는 이 돈을 지급해야겠군요.

그렇습니다.

황당한 사건이었습니다. 앞으로 수학에 자신이 없는 사람은 계약할 때 꼭 수학 전문가의 조언을 받아 보아야 할 것 같습니다. 이상 오늘 보도를 마칩니다.

피타고라스, 조화수열과 음악의 관계 풀어

– 기원전, 그리스

정말 하는 일이 많은 피타고라스가 이번에는 음악의 원리를 수열을 이용하여 풀었다고 합니다. 음악과 수학! 전혀 어울릴 것 같지 않은 두 단어가 어떤 관계가 있는 건지 와핑 기자를 불러 자세한 소식을 들어 보겠습니다.

🧑 자주 뵙네요.
와핑

👴 그런 것 같군요.
피타고

🧑 음악 속에 숨은 수학적 원리를 찾아내셨다고요? 어떤 내용이죠?
와핑

👴 음악은 '도, 레, 미, 파, 솔, 라, 시, 도'의 8개의 음으
피타고

로 구성됩니다. 우리는 줄을 퉁겨서 이 음을 만들어 낼 수 있어요. 줄의 길이에 따라 다른 음들이 나오지요. 길이가 짧은 줄을 퉁기면 높은 음이 나오고, 길이가 긴 줄을 퉁기면 낮은 음이 나와요. 그런데 '도' 음을 만드는 줄의 길이가 1이라고 할 때 이 줄의 길이를 $\frac{2}{3}$로 해주면 '도' 음보다 5도 높은 '솔'이 나온답니다. 그리고 '도'와 '솔'은 아주 조화를 잘 이루지요. 또 '도' 음 줄의 길이를 $\frac{1}{2}$로 하면 '도'보다 8도 높은 '도'가 나와요. 이것도 역시 낮은 '도'와 조화를 이루는 음이지요. 이 세 수를 보세요.

$$1, \ \frac{2}{3}, \ \frac{1}{2}$$

아무 규칙도 없는 것 같은데요?

그럴까요? 이제 각각의 수의 역수(분자와 분모를 바꾼 수)를 취해 보세요.

$$1, \ \frac{3}{2}, \ 2$$

이것도 규칙이 없어 보이는데요?

잘 보세요. 세 개의 수는 차이가 $\frac{1}{2}$씩이에요. 얼마나 아름다운 규칙입니까? 우리는 1, $\frac{2}{3}$, $\frac{1}{2}$ 처럼 역수를 취했을 때 차이가 일정한 수열을 조화수열이라고 부르기로 했답니다.

 음악 속에 이런 멋진 수학이 있다는 게 참으로 놀랍군요. 지금까지 피타고라스로부터 수학과 음악의 관계에 대한 설명을 들어 보았습니다. 이제 여러분도 집에 있는 고무줄로 얼마든지 악기를 만들 수 있습니다. 한 번 시도해 보시죠. 지금까지 와핑이었습니다.

천재적인 수학 학습법

— 프리드리히 가우스

아미슈: 안녕하세요. 이번 시간에는 수학 천재 가우스를 모시고 그의 업적에 대한 이야기를 자세하게 나눠 보겠습니다. 나와 주셔서 감사합니다.

가우스: 전 말주변이 별로 없어요. 소심하거든요. 지금도 많이 떨려요.

아미슈: 언제부터 수학을 좋아하게 되었나요?

가우스: 저는 1777년 독일의 브룬스비크에서 태어났어요. 아버지는 노동자였고 저희 집은 가난했지요. 하지만 저는 어릴 때부터 수학을 좋아해 세 살 때 아버지가 틀린 계산을 바로잡을 수 있을 정도였지요.

아미슈: 세 살 때요? 정말 천재시군요. 또 어떤 업적이 있나요?

가우스: 열아홉 살 때 저는 최초로 정십칠각형을 자와 컴퍼스만으로 그릴 수 있는 방법을 알아냈어요. 그때부터 저는 수학의 아름다움에 빠지게 되었고, 매일 수학일기를 썼지요.

아미슈: 수학일기가 뭐죠?

가우스: 매일 떠오르는 수학에 관한 새로운 내용을 기록해 둔 일기예요.

아미슈: 대단하군요. 아, 참! 천문학 부문에서도 놀라운 일을 했다고 하던데, 그건 무슨 일이죠?

가우스: 1801년 화성과 목성 사이에 세레스라는 이름의 소행성이 발견되었어요. 제가 스물네 살 때 세레스의 궤도를 계산했지요. 그래서 천문학자들을 깜짝 놀라게 했어요.

61

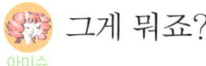 그렇게 계산을 잘하는 비결이 있나요?

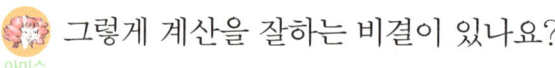 저는 검토를 위해서 새로운 계산법을 알아냈답니다.

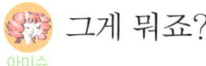 그게 뭐죠?

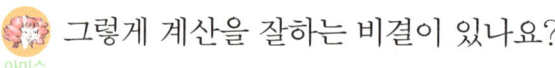 예를 들어 2879와 3767의 곱에서 일의 자릿수는 얼

마죠?

음…… 계산기가 없어서…….

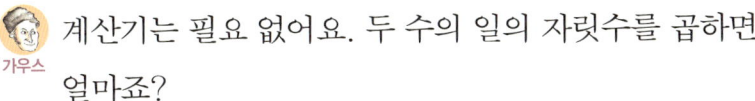계산기는 필요 없어요. 두 수의 일의 자릿수를 곱하면 얼마죠?

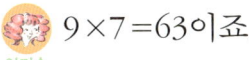9×7=63이죠.

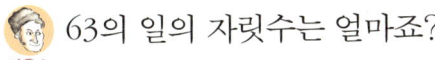63의 일의 자릿수는 얼마죠?

3이죠.

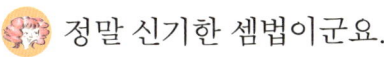그럼 2879와 3767의 곱의 일의 자릿수는 3이 돼요.

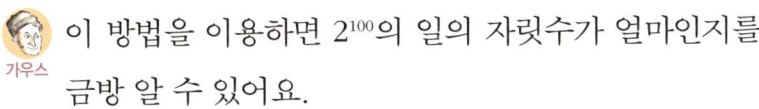정말 신기한 셈법이군요.

이 방법을 이용하면 2^{100}의 일의 자릿수가 얼마인지를 금방 알 수 있어요.

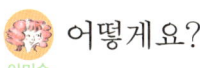어떻게요?

$2^1=2$, $2^2=4$, $2^3=8$, $2^4=16$ …… 이런 식으로 계산이 되잖아요? 이때 2^5의 일의 자릿수를 구하려면 2^4의 일의 자릿수와 2의 일의 자릿수를 곱하면 돼요. 그럼 12가 나오는데 12의 일의 자릿수는 2이니까 2^5의 일의 자릿수는 2가 되지요. 이런 식으로 2를 계속 곱해 나가면 일의 자릿수는 2, 4, 8, 6이 반복돼요. 그럼 100은 4의 배수이니까 2^{100}의 일의 자릿수는 6이 되는 거죠.

 그렇군요. 정말 신기한 규칙이에요.

 나는 이런 방법들을 모두 수학일기에 적어 놓는 습관을 생활화했답니다.

 정말 좋은 공부 방법인 것 같습니다. 오늘 말씀 고맙습니다. 지금까지 위대한 수학자 가우스의 천재적인 수학 학습법에 대해서 알아보았습니다.

안녕하세요. 시청자 과학을 진행하는 쿨 레클린입니다. 뭐든지 물어보세요. 22세기 첨단 과학이 낳은 과학 자동 답변기가 친절히 답변해 드리겠습니다.

수열이 뭐죠?

숫자들의 다음과 같은 나열을 보세요.

1, 3, 5, 7, …….

어떤 규칙이 있죠? 앞의 숫자에 2를 더하면 그 다음 숫자가 되죠? 이렇게 일정한 규칙에 의해 숫자가 차례로 진행되는 것이 수열입니다. 참고로, 이때 1, 3, 5, 7과 같이 수열을 이루는 하나하나의 숫자를 항이라고 합니다.

등차수열은 뭔가요?

다음 수열을 보죠.

2, 5, 8, 11, 14, …….

3씩 커지는 수가 나열된 수열이죠. 이렇게 두 수의 차이가 일정한 규칙을 가진 수열을 등차수열이라 하고, 3처럼 반복적으로 나타나는 두 수의 차이를 공차라고 부릅니다.

등비수열은 뭔가요?

이웃하는 두 수의 비가 일정한 값이 되는 수열을 등비수열이라고 하고, 일정한 비의 값을 공비라고 합니다. 예를 들어 등비수열 2, 4, 8, 16, ……의 공비는 2가 되지요.

제1항이 2이고 공비가 3인 등비수열을 만들어 볼까요? 3씩 곱해지니까 다음과 같습니다.

2, 6, 18, 54, …….

피보나치 수열이 뭐죠?

피보나치 수열은 다음과 같아요.

1, 1, 2, 3, 5, 8, 13, 21, 34, …….

앞의 두 항의 합이 다음 항이 되는 규칙을 가지고 있지요. 예를 들어 1+1=2, 1+2=3, 2+3=5, …… 이런 식이지요. 이런 수열을 피보나치가 처음 발견했다고 해서 피보나치 수열이라고 불러요.

피보나치 수열에서 이웃한 두 항을 나누어 분수로 나타내 봅시다.

(제2항) ÷ (제1항) = 1

(제3항) ÷ (제2항) = 2

(제4항) ÷ (제3항) = $\frac{3}{2}$

(제5항) ÷ (제4항) = $\frac{5}{3}$

자연수는 분모가 1인 분수로 나타낼 수 있습니다. 즉, $1 = \frac{1}{1}$로 나타낼 수 있지요. 그럼 위의 분수를 1과 다른 분수의 합으로 나타내 봅시다.

(제2항) ÷ (제1항) = 1 = $\frac{1}{1}$

(제3항) ÷ (제2항) = 2 = $1 + \frac{1}{1}$

(제4항) ÷ (제3항) = $\frac{3}{2}$ = $1 + \frac{1}{2}$

(제5항) ÷ (제4항) = $\frac{5}{3}$ = $1 + \frac{2}{3}$

여기에서 두 번째 식 $2 = 1 + \frac{1}{1}$을 세 번째 식에 넣어 봅시다. 그럼 다음과 같이 됩니다.

$$(\text{제2항}) \div (\text{제1항}) = 1 = \frac{1}{1}$$

$$(\text{제3항}) \div (\text{제2항}) = 2 = 1 + \frac{1}{1}$$

$$(\text{제4항}) \div (\text{제3항}) = \frac{3}{2} = 1 + \frac{1}{1+\frac{1}{1}}$$

$$(\text{제5항}) \div (\text{제4항}) = \frac{5}{3} = 1 + \frac{2}{3}$$

재미있는 규칙이 나올 거 같지요? 세 번째 식까지는 모두 1이 쓰여지는군요. 그럼 네 번째 식도 1로만 나타낼 수 있을까요? $\frac{2}{3}$를 분자가 1인 분수로 바꾸면 $\frac{1}{\frac{3}{2}}$이 됩니다. 이렇게 분자나 분모가 분수로 쓰이는 분수를 번분수라고 부릅니다. 그럼 $\frac{1}{\frac{3}{2}}$을 1만으로 나타낼 수 있을까요? 세 번째 식을 보면

$\frac{3}{2} = 1 + \frac{1}{1+\frac{1}{1}}$ 이므로

$\frac{1}{\frac{3}{2}} = \frac{1}{1+\frac{1}{1+\frac{1}{1}}}$ 로 쓸 수 있습니다.

따라서 네 번째 식도 1만으로 나타낼 수 있습니다. 모두 쓰면 다음과 같이 됩니다.

$$(\text{제2항}) \div (\text{제1항}) = \frac{1}{1}$$

$$(\text{제3항}) \div (\text{제2항}) = 1 + \frac{1}{1}$$

$$(\text{제4항}) \div (\text{제3항}) = 1 + \frac{1}{1+\frac{1}{1}}$$

$$(\text{제5항}) \div (\text{제4항}) = 1 + \frac{1}{1+\frac{1}{1+\frac{1}{1}}}$$

이렇게 피보나치 수열의 각 항은 1만으로 나타낼 수 있답니다.

유클리드, 소수를 발견하다

– 기원전 300년, 그리스

   유클리드가 자연수의 근본이 되는 수를 만들어 냈다고 하여 화제가 되고 있습니다. 와핑 기자를 불러 자세한 소식을 들어 보겠습니다.

 유클리드 선생님, 도대체 어떤 수가 수의 기본이 된다는 거죠?

 소수입니다.

 소수라면 0.3, 0.07처럼 소수점이 있는 수 말인가요?

 아닙니다. 그것도 소수지만 제가 말하는 소수는 1과 자기 자신만을 약수로 갖는 수입니다.

예를 들면 어떤 수죠?

 2의 약수가 뭡니까?

 1, 2죠.

 2의 약수는 1과 자기 자신인 2이지요? 그러니까 2는 소수입니다.

 그럼 4는요?

 4의 약수는 1, 2, 4입니다. 즉, 4는 1과 자기 자신 이외에 2라는 약수를 갖죠? 그러므로 4는 소수가 아닙니다. 이렇게 소수가 아닌 수를 합성수라고 부르지요.

 그럼 가장 작은 소수는 1이겠군요.

 1은 소수가 아닙니다.

 왜죠?

 소수는 1과 자기 자신이라는 두 개의 약수를 가져야

합니다. 2는 1과 2를 약수로 갖고, 3은 1과 3을 약수로 가지니까 소수입니다. 하지만 1은 약수가 1 하나뿐이므로 소수가 아닙니다. 우리는 소수가 되기 위한 조건으로 약수의 개수가 두 개여야 한다고 정했으니까요.

와핑

그렇군요. 좋은 말씀 감사합니다. 지금까지 소수를 발견한 유클리드와의 인터뷰였습니다.

기원전 6500년, 소수 사용 증거 발견

– 1960년, 중앙아프리카 산맥

안녕하십니까? 오늘은 놀라운 소식을 하나 전해 드리겠습니다. 인류가 아주 오래 전부터 소수를 알았다고 하는 증거가 오늘 고고학자들에 의해 발견되었습니다. 적도를 지나는 중앙아프리카 산맥에서 유물을 찾던 고고학자들이 기원전 6500년의 것으로 보이는 동물의 뼈를 발견했는데, 그 뼈에는 소수를 나타내는 눈금이 새겨져 있었다고 합니다.

"정말 놀라웠어요. 옛날 사람들이 동물의 뼈에 금을 새겨 수를 헤아렸다는 것은 이미 알고 있었지요. 그런데 이 뼈에는 11개, 13개, 17개, 19개로 소수에 해당하는 수만 큰 눈금이 새겨져 있었어요."
- 현장에 있던 어느 고고학자

이 뼈는 고고학자들의 기증으로 벨기에 브뤼셀에 있는 왕립자연과학연구소에 보관될 예정입니다. 고대수학연구회는 이 뼈에 새겨진 눈금이 소수인 걸로 보아 이 뼈가 소수를 가르치는 교재 도구로 사용된 것이 아닌가 생각하고 있지만 너무 오래된 일이어서 알 길이 없다고 합니다. 이상 소수의 눈금이 새겨진 기원전 6500년의 뼈가 발견되었다는 소식을 전해 드렸습니다.

에라토스테네스, 소수 찾는 방법 개발

– 기원전 3세기, 그리스

안녕하십니까? 지구의 반지름을 측정하여 일약 스타가 된 에라토스테네스가 이번에는 소수를 척척 찾아내는 방법을 알아냈다고 합니다. 자세한 소식을 와핑 기자가 전합니다.

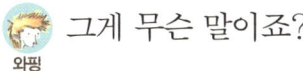 소수를 찾는 쉬운 방법을 찾아내셨다고요? 그 방법을 설명해 주시죠.

간단해요. 체를 이용하여 걸러 내는 것과 비슷해요.

그게 무슨 말이죠?

체를 사용하면 알갱이가 작은 건 통과하고 큰 건 통과

하지 못하잖아요? 그러니까 소수가 되는 것들만 남기고 나머지는 체에 걸리게 하는 거죠.

  좀 더 자세히 설명해 주시겠어요?
와핑

  좋아요. 그럼 1부터 50 사이에 있는 소수를 한번 찾아
에라토스 보죠. 먼저 1부터 50까지의 수를 씁니다.

```
 1  2  3  4  5  6  7  8  9 10
11 12 13 14 15 16 17 18 19 20
21 22 23 24 25 26 27 28 29 30
31 32 33 34 35 36 37 38 39 40
41 42 43 44 45 46 47 48 49 50
```

여기에서 1은 소수가 아니므로 지웁니다.

```
    2  3  4  5  6  7  8  9 10
11 12 13 14 15 16 17 18 19 20
21 22 23 24 25 26 27 28 29 30
31 32 33 34 35 36 37 38 39 40
41 42 43 44 45 46 47 48 49 50
```

다음에는요?
와핑

2는 소수이니까 남겨두고, 2의 배수를 모두 지웁니다.
에라토스

```
    2   3       5       7       9
11      13      15      17      19
21      23      25      27      29
31      33      35      37      39
41      43      45      47      49
```

다음에는 3을 남겨두고 3의 배수를 모두 지웁니다.

    2   3   5   7
11   13   17   19
        23   25   29
31   35   37
41   43   47 49

다음에는 5를 남겨두고 5의 배수를 모두 지웁니다.

    2   3   5   7
11   13   17   19
        23   29
31   37
41   43   47 49

다음에는 7을 남겨두고 7의 배수를 모두 지웁니다.

    2   3   5   7
11   13   17   19
        23   29
31   37
41   43   47

이렇게 하면 1에서 50까지의 소수를 모두 찾을 수 있습니다.

와핑

재미있는 방법이군요. 체로 걸러 내듯 소수를 찾으니까 이 방법을 '에라토스테네스의 체'라고 부르면 좋을 것 같습니다.

유클리드, 소수가 무한히 많음을 증명
– 기원전 300년, 그리스

유클리드가 자신의 베스트셀러인 『원론』을 통해 소수의 개수가 무한히 많다는 것을 최초로 증명했음을 밝혔다고 합니다. 자세한 소식을 와핑 기자가 전합니다.

와핑
소수가 무한히 많다는 것을 증명했다는데, 어떻게 증명한 거죠?

유클리드
예를 들어 5가 가장 큰 소수라고 가정해 보죠. 그럼 소수는 2, 3, 5의 세 개입니다. 이때 다음과 같은 수를 생각합시다.

$q = 2 \times 3 \times 5 + 1$

이 수는 2보다도, 3보다도, 5보다도 크죠?

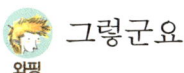 그렇군요.

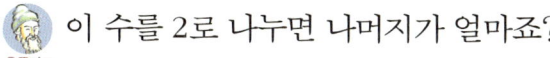 이 수를 2로 나누면 나머지가 얼마죠?

 1이죠.

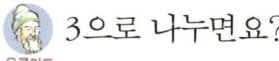 3으로 나누면요?

 1이죠.

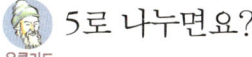 5로 나누면요?

 1이죠.

이 수는 모든 소수로 나누어도 나누어 떨어지지 않으므로 소수가 됩니다. 그렇다면 이상하죠? 가장 큰 소수는 5라고 했는데 더 큰 소수가 있으니 말이에요. 그러므로 가장 큰 소수가 있다고 가정한 것이 잘못됐지요. 즉, 가장 큰 소수는 존재할 수 없어요. 소수는 무한히 많으니까요.

와핑

지금까지 소수가 무한히 많다는 것을 증명한 유클리드의 이야기를 들어 보았습니다. 이상 와핑이었습니다.

소수의 무한성을 증명한 유클리드의 방법은?

지금까지의 발견된 모든 소수를 다 곱한 뒤 1을 더하면 어떠한 소수로도 나누어떨어지지 않으므로 새로운 소수가 만들어 진다. 그러므로 소수는 무한하다.

유클리드, 쌍둥이 소수 발견

- 기원전 300년, 그리스

소수 연구에 매료되어 있는 유클리드가 이번에는 사람처럼 소수도 쌍둥이가 있다는 주장을 펼쳐 사람들을 놀라게 하고 있습니다. 자세한 소식을 와핑 기자가 전합니다.

와핑: 선생님, 또 왔습니다. 소수에 쌍둥이가 있다는 게 무슨 말씀이신가요?

유클리드: 그냥 재미 삼아 붙여 본 이름이에요.

와핑: 그렇군요. 그런데 어떤 게 쌍둥이 소수죠?

유클리드: 다음과 같은 것들이랍니다.

3과 5
5와 7
11과 13
17과 19
29와 31

와핑 왜 이들을 쌍둥이 소수라고 부르는 거죠?

유클리드 두 수의 차이가 모두 2잖아요? 이렇게 차가 2인 두 소수를 쌍둥이 소수라고 불렀어요.

와핑 재미있군요. 지금까지 쌍둥이 소수를 발견한 유클리드와의 인터뷰였습니다.

쌍둥이 소수란?

n, $n+2$ 꼴로 된 두 소수의 쌍을 말한다. (3, 5)를 제외한 모든 쌍둥이 소수는 $6n \pm 1$의 형태인데, 아직 이 형태에 대한 완벽한 증명이 이루어지지는 않았다.

완전수를 만드는 공식

- PD: 안녕하십니까? 최근 인기를 끌고 있는 완전수를 놓고, 한 수학자가 소수를 이용하여 완전수를 만들 수 있는 방법을 찾아냈다고 합니다. 오늘 PD 사이언스에서는 이 수학자를 만나 자세한 방법을 알아보겠습니다. 유클리드 선생님, 나와 주셔서 감사합니다. 어떻게 완전수를 만드는 거죠?

- 유클리드: 간단합니다. 먼저 1부터 시작해서 2배를 한 수들을 차례대로 나열해 보세요.

- PD: 1, 2, 4, 8, 16, ……. 이런 식으로요?

잘하셨습니다. 이제 이 조건 속에서 연속되는 수들의 합을 구해 보죠.

1+2=3

1+2+4=7

1+2+4+8=15

1+2+4+8+16=31

 그 다음에는요?

 결과가 소수로 나오는 경우만 다시 써 보죠.

1+2=3

1+2+4=7

1+2+4+8+16=31

이때 더한 마지막 수와 결과의 수를 곱하면 완전수를 얻을 수 있어요. 즉, 첫째 줄에서 2×3=6, 둘째 줄에서 4×7=28, 셋째 줄에서 16×31=496이 되지요. 이런 방법으로 완전수를 얻을 수 있답니다.

 아, 그렇군요. 정말 멋진 방법입니다. 그동안 어떻게 완전수를 구하는지 몰라 사람들이 고민에 빠져 있었는데 정말 쉽고도 완벽한 방법이군요. 지금까지 완전수를 한 방에 찾을 수 있는 유클리드의 공식에 대해 알아 보았습니다.

혜성처럼 나타난 섹시 듀오 3137 돌풍

— 신르네상스 공화국

 가창력과 섹시한 몸매를 겸비한 여성 2인조 댄스 그룹 3137의 콘서트장에서 사고가 발생했습니다. 데뷔곡 'Oh! Sexy Number!'로 큰 인기를 끌고 있는 3137을 보기 위해 공연장을 찾은 사람들이 한꺼번에 안으로 몰려들어 10여 명의 사람들이 바닥에 넘어지는 사고였습니다. 다행히 큰 부상은 없었다고 합니다.

 3137의 두 멤버는 미스 31과 미스 37이라는 신기한 예명을 사용하며, 항상 31과 37이 새겨진 의상을 입는 걸로 유명합니다.

 명문 신르네상스 대학에서 수학을 전공한 두 사람은 우연히 길거리에서 캐스팅된 후 가수가 되었는데, 자신들이

좋아하는 수학을 살리기 위해서 그룹 이름을 3137로 정했다고 합니다. 31과 37은 서로 6의 차이가 나는 소수인데 6은 영어로는 six이지만 라틴어로는 sex이기 때문에 자신들의 섹시한 이미지와 어울린다는 것이 3137의 주장입니다.

3137이 인기를 끌자, 같은 기획사에서는 172329라는 삼인조 여성 트리오를 준비하고 있다고 합니다. 역시 섹시 콘셉트로 무장할 이 그룹은 17, 23, 29가 6의 차이가 나는 세 소수이기 때문에 이런 그룹 이름을 붙이게 되었다고 합니다.

안녕하세요. 시청자 과학을 진행하는 쿨 레클린입니다. 뭐든지 물어보세요. 22세기 첨단 과학이 낳은 과학 자동 답변기가 친절히 답변해 드리겠습니다.

소수 중에 짝수인 수는 2 하나뿐인가요?

물론입니다. 2 이외의 짝수들, 예를 들어 4, 6, 8, ……은 2로 나누었을 때 떨어지므로 소수가 아닙니다.

쌍둥이 소수는 무한히 많나요?

쌍둥이 소수가 무한히 많을 거라는 것은 추측입니다. 하지만 아직까지 증명이 되지 않았습니다.

소수가 무한하다는 것을 증명해 주세요.

소수의 개수가 유한하다면 가장 큰 소수 p가 존재하므로
$q = 2 \times 3 \times 5 \times 7 \times p + 1$

이라 하면 q는 분명히 p보다 크고 2, 3, 5, 7, …… p의 어떤 소수로도 나누어지지 않습니다. 따라서 q는 p보다 큰 소수이므로 가정에 모순이 됩니다. 그러므로 소수의 개수는 유한하지 않습니다. 즉, 소수의 개수는 무한히 많습니다.

소인수분해 방법을 알려 주세요.

유클리드는 모든 자연수를 소수의 곱만으로 나타낼 수 있다고 주장했어요. 이렇게 어떤 자연수를 소수들만의 곱으로 나타내는 것을 소인수분해라고 하지요.

예를 들어 60을 소인수분해해 보죠. 두 가지 방법이 있어요.

먼저 60을 두 수의 곱으로 써 봐요. 예를 들어 2×30이라고 썼다면 다음과 같이 나타내세요.

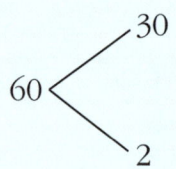

2는 소수이니까 놔두고 30을 다시 두 수의 곱으로 나타내요. 예를 들어 30=2×15라고 했다면

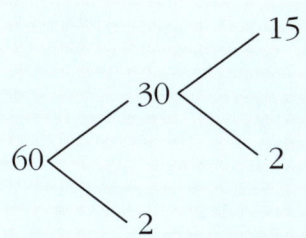

다시 15를 두 수의 곱으로 나타내요. 예를 들어 15=3×5라고 했다면

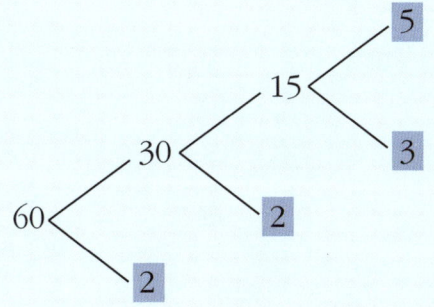

이제 소수들만 나타났죠? 그러니까 60을 소인수분해하면 60=2×2×3×5=2^2×3×5가 되지요.

두 번째 방법은 작은 소수부터 차례로 나누는 방법이에요. 60을 2로 나누면 몫이 30이죠? 이걸 다음과 같이 써요.

$$2 \overline{\smash{)}60} \atop 30$$

30을 소수 2로 나누면 몫이 15죠? 이걸 다음과 같이 써요.

$$2 \overline{\smash{)}60}$$
$$2 \overline{\smash{)}30}$$
$$15$$

15는 2로 안 나누어지죠? 그럼 3으로 나눠요. 몫이 5죠? 이걸 다음과 같이 써요.

$$2 \overline{\smash{)}60}$$
$$2 \overline{\smash{)}30}$$
$$3 \overline{\smash{)}15}$$
$$5$$

5는 소수죠? 그럼 여기에서 멈춰요!

그러므로 60을 소인수분해하면

$60 = 2 \times 2 \times 3 \times 5 = 2^2 \times 3 \times 5$가 되지요.

페르마, 소수 공식 발표
— 1640년, 프랑스

수학자들이 소수를 찾는 공식을 발견하기 위해 혈안이 되고 있는 가운데 아마추어 수학자 페르마가 소수를 찾는 공식을 발견했다고 해서 화제가 되고 있습니다. 페르마의 소수 공식이 어떤 것인지 와핑 기자가 알아 보았습니다.

🧑 소수 연구에 고생이 많으시네요.
와핑

🧑 즐거운 일이지요.
페르마

🧑 이번에 소수를 만드는 공식을 찾았다는데, 어떤 것인가요?
와핑

🧑 조금 복잡한데요.
페르마

그래도 시청자들을 위해 소개를 부탁합니다.

소수는 $2^{2^N}+1$의 꼴로 나타낼 수 있습니다. 여기에서 $N=0, 1, 2, 3, \cdots\cdots$ 이고요. 예를 들어 $N=0$을 대입해 보죠. 그럼 $2^0=1$이므로 $2^{2^N}+1$은 2^1+1이 되어 3이 됩니다. 2는 소수 맞지요? 이런 식으로 N에 차례로 0, 1, 2, 3, 4, 5를 대입하면 다음과 같은 소수들을 만들 수 있습니다.

N=0이면 3
N=1이면 5
N=2이면 17
N=3이면 257
N=4이면 65537
N=5이면 4294967297

놀라운 공식이군요. 지금까지 페르마의 소수 공식에 대한 보도였습니다.

오일러, 페르마의 소수 공식이 옳지 않음을 지적
— 1732년, 스위스

스위스의 한 수학자가 페르마의 소수 공식이 틀렸다는 것을 발견했다고 해서 화제입니다. 수학 논문을 취미 삼아 쓴다고 하는 수학자 오일러가 그 주인공인데, 그의 말을 들어 보죠.

페르마의 소수 공식은 N의 값이 0, 1, 2, 3, 4일 때는 소수를 만들어요. 하지만 N=5일 때는 상황이 달라지지요. N=5일 때 페르마가 소수라고 생각한 수는 다음과 같이 두 수의 곱으로 나타낼 수 있어요.
4294967297=641×6700417
그러므로 4294967297은 소수가 아니지요.

PD 이 내용이 발표된 뒤 많은 수학 교과서에서 페르마의 소수 공식을 지우는 사태가 벌어지고 있습니다. 이상 SBC에서 전해 드렸습니다.

오일러가 지적한 페르마 소수 공식의 오류는?

페르마는 $2^{2^n}+1$일 때, n에 어떤 자연수를 대입해도 소수가 만들어진다고 발표했다. 그런데 오일러는 n에 0, 1, 2, 3, 4를 대입해 보면 모두 소수가 나오지만, 5를 대입했을 때 나오는 4294967297은 소수가 아니라는 것을 알아냈다.

페르마, 소수와 제곱수 사이의 관계 찾아

- 1640년, 프랑스

소수에 대한 귀신으로 소문난 페르마가 친구 수학자인 메르센에게 보낸 편지 내용이 공개되었습니다.

수학의 동반자 메르센에게

요즘 소수를 연구하느라 정신이 없지?

나도 소수에 미쳐서 소수에 산다네.

최근에 내가 발견한 소수의 재미있는 성질이 있어 이렇게 적어 보내네.

"4로 나누어 나머지가 1인 소수는 두 소수의 제곱의 합으로 나타낼 수 있다."

— 함께 소수의 신비를 파헤치는 페르마로부터

이 편지가 공개되자 많은 수학자가 편지 내용을 확인하는 작업에 들어갔습니다. 4로 나눈 나머지가 1인 소수는 5, 13, 17, 29와 같은 수인데 $5=1^2+2^2$, $13=2^2+3^2$, $17=1^2+4^2$, $29=2^2+5^2$이 되어 페르마가 찾은 소수의 성질이 옳음을 확인했습니다. 한편 스위스 수학자가 이 문제를 증명하는 데 성공했다는 소식도 아울러 전합니다.

메르센, 새로운 소수 공식 발표

– 1644년, 프랑스

    신부로 활동하면서 취미로 수학을 연구하는 메르센 신부가 소수를 만드는 또 다른 공식을 찾아냈다고 해서 화제입니다. 와핑 기자가 메르센을 만나 보겠습니다.

 새로운 소수 공식에 대해 설명 부탁 드립니다.

 페르마는 덧셈을 썼는데 나는 뺄셈을 써 보았어요.

 어떻게요?

 처음에 나는 n이 소수이면 $2^n - 1$은 모두 소수가 될 거라고 생각했어요. 예를 들어 n에 2, 3, 5, 7을 넣으면

$2^n-1=3, 7, 31, 127$이 되어 모두 소수가 되잖아요.

n이 11일 때는요?

그게 2047이 나오는데 $2047=23\times89$가 되어 소수가 아니더군요. 그래서 나는 이 공식이 소수를 만드는 n의 값을 찾아 보았답니다. 그랬더니 다음과 같더군요.

n = 2, 3, 5, 7, 13, 19, 31, 67, 127, 257

우와! 그럼 $2^{257}-1$이 소수란 말이에요?

물론입니다. 사람들이 이런 꼴로 소수가 되는 것을 내 이름을 따서 메르센 소수라고 불러 주더군요. 이제 소원을 이루었어요. 죽기 전에 내 이름 붙은 거 하나 만들고 싶었는데 말이에요.

메르센 소수로 유명해진 것을 축하 드립니다. 지금까지 메르센 소수의 발견 현장에서 와핑이었습니다.

광고

메르센 소수 기념우표를 사세요
— 1963년, 미국

전 세계 소수 마니아들을 놀라게 한 메르센 소수! 사람들은 저마다 새로운 컴퓨터를 도입하여 좀 더 큰 메르센 소수를 발견하기 위해 혈안이 되어 있습니다. 최근 미국 일리노이 대학에서 컴퓨터로 찾아낸 23번째 메르센 소수 $2^{11213}-1$의 발견을 축하하는 기념우표가 나왔습니다. 소수 마니아라면 반드시 수집해야 할 메르센 소수 기념우표! 지금 당장 구입하세요.

915만자리 메르센 소수 발견

— 2005년, 미국

　미국 센트럴 미주리 주립대학의 학자들이 지금까지의 기록을 깨고 가장 큰 소수를 발견했다고 발표했습니다. 스티븐 분과 커티스 쿠퍼 등 연구진은 오랜 시간 동안 700대의 컴퓨터들이 계산해 낸 결과를 종합한 끝에 2005년 9월 15일, 915만 2052자리의 이 소수를 발견했습니다. 연구팀은 90메가헤르츠 펜티엄급 컴퓨터가 6만 7000년 동안 작동되는 프로세싱 시간을 거쳐서 이런 성과를 얻었으며, 이 결과는 프랑스의 뷜 그르노블 연구센터에서 글루카스 프로그램을 이용해 닷새 만에 검증했다고 합니다. 이 소수는 43번째 메르센 소수로서, $2^{30402457}-1$의 꼴입니다. 화학자인 분 교수는 "우리는 오랫동안 이 수를 찾아 왔기 때문에 말

할 수 없는 흥분에 휩싸여 있다."라고 말했습니다.

한편 1996년 김프스(GIMPS) 프로젝트(전 세계 수만 명이 이용 중인 수십만 대의 PC를 인터넷 네트워크 망으로 연결하여 한 대의 초강력 슈퍼컴퓨터를 만들어 초대형 메르센 소수를 찾는 프로젝트로 1996년에 시작됨)를 시작한 조지 월트먼은 "최초로 1000만자리 소수를 발견하는 사람에게는 미국 전기프론티어재단(EFF)이 10만 달러의 상금을 줄 예정"이라며, 그 시기는 수주 후가 될 수도 있고 수년 후가 될 수도 있을 것이라고 내다보았습니다. 그는 "더 큰 소수가 많이 있을 것"이라며 "인터넷이 가능한 컴퓨터를 갖고 있는 사람이라면 누구나 김프스 프로젝트(mersenne.org)에 참여할 수 있다"라고 덧붙였습니다.

오일러, 자신의 소수 공식 발표

- 1772년, 스위스

그동안 다른 사람들의 소수 공식이 틀렸다는 것을 주로 지적해 온 오일러가 이차 함수로 나타내어지는 소수 공식을 발표했습니다. 물론 그의 소수 공식은 완벽한 것이 아니지만 기존의 소수 공식에 비해 많은 소수를 만들어 낼 수 있다는 점에서 학계로부터 주목을 받고 있습니다.

"내가 찾은 공식은 정말 간단해요. x^2+x+41에서 x에 0부터 39까지의 자연수를 대입하면 40개의 소수가 만들어지지요."

수학자들은 오일러의 소수 공식이 다음과 같은 소수들

을 만들어 낸다는 것을 알아냈습니다.

41, 43, 47, 53, 61, 71, 83, 97, 113, 131, 151, 173, 197, 223, 251, 281, 313, 347, 383, 421, 461, 503, 547, 593, 641, 691, 743, 797, 853, 911, 971, 1033, 1097, 1163, 1231, 1301, 1373, 1447, 1523, 1601

비록 오일러의 소수 공식이 완전하지는 않지만 아주 간단한 공식이라는 점에서 학계는 오일러의 업적을 높게 평가하고 있다고 합니다. 이상 SBC에서 전해 드렸습니다.

나소수 씨, 새로운 소수 공식 해프닝으로 끝나

– 신르네상스 공화국

신르네상스 공화국 프라임 시티의 배루마 시장은 시민들이 좋아하는 소수를 찾아낼 수 있는 공식을 발견하는 사람에게 1,000만 원의 상금을 주기로 했다고 합니다.

많은 아마추어 수학자들이 상금을 타기 위해 며칠 동안 밤잠을 설쳐 가며 공식을 찾았는데, 마침내 프라임 대학 수학과 교수인 나소수 씨가 3과 7만을 이용해 다음과 같이 소수를 만들어 냈습니다.

3

37

337

3337

이런 식으로 3을 반복해서 넣고 맨 뒤에 7을 붙이면 소수가 만들어진다는 것입니다.
　이 공식 덕분에 나소수 씨가 1,000만 원의 상금을 손에 쥐는 듯했으나 3333337＝7×31×15361이므로 소수가 아님을 밝혀 낸 초등 수학 영재인 깔끔해 군 때문에 나소수 씨는 다 잡은 상금을 놓치고 말았는데요. 이에 앙심을 품은 나소수 씨가 배루마 시장에 대한 안 좋은 소문을 퍼

뜨리고 다녔다고 합니다. 이 사실을 알게 된 배루마 시장이 나소수 씨를 명예훼손죄로 고소했다고 하니, 정말 안타까운 소식이 아닐 수 없습니다. 학계에서는 깔끔해 군을 정수론 영재로 선정하여 상금을 수여하기로 결정했다고 합니다. 지금까지 SBC에서 전해 드렸습니다.

{ 안녕하세요. 시청자 과학을 진행하는 쿨레클린입니다. 뭐든지 물어보세요. 22세기 첨단 과학이 낳은 과학 자동 답변기가 친절히 답변해 드리겠습니다. }

홀수인 완전수도 있나요?

현재까지 홀수인 완전수는 발견된 적이 없습니다. 오일러는 홀수인 완전수가 존재한다면 그것은 $p^n \times q^2$의 꼴일 것이라고 예상했습니다. 여기에서 p는 4로 나눈 나머지가 1인 소수, q는 1이 아닌 홀수, n은 4로 나눈 나머지가 1인 자연수입니다.

골드바흐 추측이라는 게 뭐죠?

다음은 1742년에 러시아 수학자 크리스티안 골드바흐가 오일러에게 보낸 편지의 내용입니다.

"2보다 큰 모든 짝수는 두 개의 소수 합으로 나타낼 수 있다."

예를 들면 다음과 같지요.

4=2+2

6=3+3

8=3+5

10=3+7

이 추측은 아직까지도 증명이 되지 않아 수학자들의 애를 태우고 있습니다.

소수인지 아닌지를 판별하는 공식이 있나요?

윌슨 소수 판별식이라는 것이 있습니다. 이것은 1770년 수학자 존 윌슨이 정리를 발표하고 1773년 조제프 루이 라그랑주가 증명했는데, 그 내용은 다음과 같습니다.

"$(p-1)!+1$이 p의 배수이면 p는 소수이다."

여기에서 !은 팩토리얼이라고 읽는데, 다음과 같이 정의 됩니다.

$2! = 2 \times 1$

$3! = 3 \times 2 \times 1$

$4! = 4 \times 3 \times 2 \times 1$

예를 들어 p=3인 경우를 보죠. $(3-1)! = 2! = 2$이므로 $(3-1)! + 1 = 3$이 되어 3의 배수이죠? 그러므로 3은 소수입니다.

페르마의 작은 정리라는 게 뭐죠?

"p가 소수이면 임의의 자연수 n에 대해 $n^p - 1$은 p로 나누어 떨어진다."

이 정리는 페르마가 발표하고 라이프니츠가 증명했습니다. 예를 들어 p=3이고, n=5라고 하면

$5^3 - 5 = 120 = 3 \times 40$이 되지요? 그러므로 3은 소수입니다.

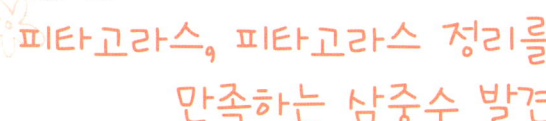

피타고라스, 피타고라스 정리를 만족하는 삼중수 발견

— 기원전, 그리스

피타고라스가 또다시 새로운 수를 정의했습니다. 그는 피타고라스 정리로 유명한데, 피타고라스 정리란 직각삼각형에서 빗변의 길이가 c이고 다른 두 변의 길이가 a, b일 때 세 변의 길이는

$c^2 = a^2 + b^2$

을 만족한다는 것입니다. 피타고라스는 이 정리를 만족하는 세 자연수의 쌍을 삼중수라고 불렀는데, 삼중수가 무한히 많이 존재한다는 것을 알아냈습니다. 그리스 현지에 나가 있는 와핑 기자를 불러 보겠습니다. 와핑 기자, 나와 주세요.

🧑 와핑: 안녕하십니까? 다시 피타고라스를 만나러 왔습니다.

👴 피타고: 자주 뵙는군요.

🧑 와핑: 피타고라스 정리를 만족하는 세 자연수가 쉽게 나오나요?

👴 피타고: 3^2은 얼마죠?

🧑 와핑: 9죠.

👴 피타고: 4^2은요?

🧑 와핑: 16이요.

👴 피타고: 5^2은요?

🧑 와핑: 25죠.

👴 피타고: $9+16=25$이죠? 그러니까
$3^2+4^2=5^2$

즉, 3, 4, 5는 피타고라스 정리를 만족하는 세 자연수이니까 삼중수이지요.

 이런 게 많이 생기나요?

 물론이죠.

 어떤 다른 게 있죠?

🧓 **피타고** 3, 4, 5를 각각 두 배해 보세요.

🧑 **와핑** 6, 8, 10이죠.

🧓 **피타고** 그 세 수도 삼중수가 돼요.

🧑 **와핑** 이런 식이라면 3, 4, 5를 각각 세 배한 9, 12, 15도 삼중수이고, 네 배한 12, 16, 20도 삼중수가 되어 삼중수가 무수히 많이 생기겠군요.

🧓 **피타고** 물론이죠.

🧑 **와핑** 3, 4, 5의 배수가 아닌 삼중수도 있나요?

🧓 **피타고** 5, 12, 13도 삼중수예요. 또 7, 24, 25도 삼중수이고요. 이런 식으로 삼중수는 무수히 많답니다.

🧑 **와핑** 그렇군요. 말씀 감사합니다. 지금까지 삼중수 발견 소식을 전해 드렸습니다.

페르마, 마지막 정리 발표
— 1640년, 프랑스

소수에 대한 연구로 유명한 페르마가 마지막 정리를 발표했습니다. 페르마는 자신이 즐겨 읽는 디오판토스의 『산술』이라는 수학책에 낙서하는 걸 좋아했는데, 그가 숨진 뒤 그의 유품을 정리하던 중 책의 여백에서 마지막 정리가 발견된 것입니다. '페르마의 마지막 정리'로 알려진 이 정리는 다음과 같습니다.

"n이 2보다 큰 자연수일 때 $x^n + y^n = z^n$을 만족하는 세 자연수 x, y, z는 존재하지 않는다."

페르마는 이 정리를 적어 두면서 그 밑에 "나는 이 정리를 증명할 수는 있지만 여백이 너무 좁아 증명을 쓸 수가 없어 비워 둔다"라는 말을 남겼다고 합니다. 페르마가 숨진 뒤 이 정리는 많은 사람들의 관심을 끌었는데, 오일러가 n이 3일 때와 4일 때를 증명했고, 그 후 독일 베를린 대학의 쿠머가 100 이하인 자연수에 대해 증명했다고 합니다. 하지만 일반적인 n에 대한 증명은 아직 미해결로 남아 수학자들을 아쉽게 하고 있습니다.

일본 수학자, 페르마 정리 연구 중 자살

— 1958년, 일본

페르마의 마지막 정리 증명에 결정적인 역할을 할 다니야마 추측을 내놓은 일본의 천재 수학자 다니야마 유타카가 31세의 나이에 자살했다는 소식입니다. 다니야마는 10월에 약혼식을 앞두고 있어 사람들의 마음을 더욱 안타깝게 하고 있습니다. 그의 유서에는 다음과 같은 말이 있다고 합니다.

"어제까지만 해도 자살하고 싶지 않았다. 최근 나는 너무 피곤한 삶을 살고 있고, 신경도 날카로워져 있다. 나는 나의 미래에 자신이 더 이상 없다."

— 다니야마

다니야마의 유서를 놓고 수학자들은 그가 페르마의 마지막 정리 증명에 너무 지쳐서 삶을 포기한 것이 아닌가 추측하고 있습니다. 더욱 안타까운 소식은 다니야마가 숨진 2주 뒤 그의 약혼녀도 그를 따라 스스로 목숨을 끊었다는 것입니다. 이상 SBC에서 전해 드렸습니다.

페르마의 마지막 정리를 증명한 앤드루 와일스

 오늘 이 시간에는 330년 동안 증명되지 않던 페르마의 마지막 정리를 증명한 영국의 앤드루 와일스 교수와 얘기를 나눠 보겠습니다. 우선 축하합니다.

 고맙습니다.

 이 정리를 증명하겠다고 처음 생각한 건 언제죠?

 열 살 때였어요. 우연히 『마지막 문제』라는 책을 케임브리지의 공공도서관에서 보게 되었지요. 그 책에는 페르마의 마지막 정리가 쓰여 있었어요. 나는 일주일 동안 이 문제에 빠져 있었죠. 하지만 열 살의 어린 나이로 이 정리를 증명하는 것은 무리였어요. 하지만 나

는 이 꿈을 포기하지 않았지요.

그럼 언제 다시 이 정리를 연구할 결심을 하셨나요?

케임브리지 대학원에서 수학을 공부할 때 페르마의 마지막 정리 증명에 도전하겠다고 지도교수님에게 말했어요. 하지만 교수님은 "그 꿈은 포기하는 게 좋아"라고 말하면서 말리셨지요. 하지만 내가 수학자가 된 이유는 그 정리였기 때문에 나는 이 꿈을 포기할 수 없었어요.

그래서 연구를 계속했나요?

물론이죠. 나는 케임브리지 대학원에서 박사 학위를 받고 미국 프린스턴 대학의 교수가 되었지요. 그리고 계속 이 문제에 매달렸어요. 사람들에게는 페르마의 마지막 정리 증명에 도전한다는 것을 비밀로 했지요.

특별히 비밀로 한 이유가 있나요?

미친 사람으로 소문날까 봐서이지요. 아무튼 나는 몇 년 동안을 논문 한 편도 쓰지 않고 이 문제만을 연구했어요. 그래서 사람들은 내가 연구를 게을리한다고 생각했지요. 하지만 나는 누구보다 미친 듯이 이 문제에 매달렸어요. 그리고 이런 좋은 결과가 나오게 된 거지요.

 정말 다시 한 번 축하합니다. 우리는 지금 열 살 때의 꿈을 40대의 나이에 이룩한 앤드루 와일스 교수를 보고 있습니다. 어릴 때부터의 도전은 중요하다는 것을 앤드루 와일스 교수의 예에서도 찾아볼 수 있군요.

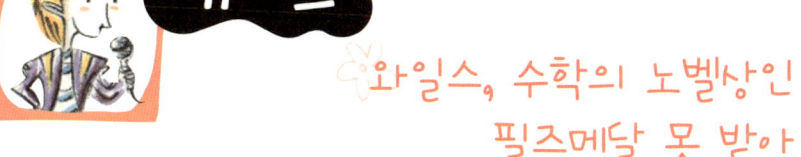

와일스, 수학의 노벨상인 필즈메달 못 받아

— 1998년, 독일 베를린

페르마의 마지막 정리를 증명한 앤드루 와일스가 수학의 노벨상이라 일컫는 필즈메달의 1998년 수상자 후보에서 제외되었다는 놀라운 소식입니다. 자세한 소식을 와핑 기자가 취재하고 왔습니다.

와핑 기자, 우선 필즈메달이 뭡니까?

노벨상에 수학상은 없습니다. 그래서 수학자들이 1936년에 만든 상이 바로 필즈메달입니다. 권위를 높이기 위해 4년에 한 번 시상하고, 수상자는 반드시 나이가 40세 이하여야 합니다.

아니, 그런 권위 있는 상을 왜 와일스 교수가 타지 못한 거죠?

 바로 나이 때문입니다.

 그게 무슨 말이죠?

 와일스의 업적이 40세 이후에 이루어졌기 때문이지요. 그래서 필즈메달 선정위원회는 와일스 교수에게 특별공로상을 수여했다고 합니다.

 아쉽군요. 그런 위대한 업적을 이룩하고도 필즈메달을 못 받다니 말입니다. 아무튼 악법도 법이라고 하니, 나이 제한법도 법으로 받아들여야겠군요. 지금까지 와핑 기자를 통해 앤드루 와일스 교수가 나이 제한에 묶여 필즈메달을 받지 못했다는 소식을 전해 드렸습니다.

안녕하세요. 시청자 과학을 진행하는 쿨레클린입니다. 뭐든지 물어보세요. 22세기 첨단 과학이 낳은 과학 자동 답변기가 친절히 답변해 드리겠습니다.

페르마의 마지막 정리가 무엇 때문에 중요한가요?

1984년까지 페르마의 마지막 정리는 증명이 된다고 해도 별 쓸모가 없는 순전히 호기심을 불러일으키는 문제일 뿐이었습니다. 그러나 1984년 이 문제가 타원함수에 대한 어떤 문제와 관계가 있다는 것이 밝혀졌습니다. 그런데 이 문제는 엄청나게 많은 다른 문제를 풀 수 있는 출발점이었던 것입니다. 페르마의 마지막 정리를 증명하는 것은 곧 20세기 수학에 한 획을 긋는 역사적인 일이었던 것이죠.

타원함수가 뭐죠?

타원함수는 $y^2 = x^3 + ax + b$ 꼴의 함수를 말합니다. 이 함수는 원을 한쪽 방향으로 찌그러뜨려 만든 도형인 타원의 성질을 연구하는 데 결정적인 역할을 합니다.

페르마의 마지막 정리 증명에 대한 도전의 역사를 알려 주세요.

페르마는 직각삼각형의 넓이는 제곱수가 될 수 없으며, x, y, z가 정수일 때 $x^2+y^2=z^2$이면 $\frac{1}{2} \times x \times y$는 제곱수가 될 수 없음을 증명했습니다. 이것을 사용하면 $x^n+y^n=z^n$에서 n이 4인 경우는 증명이 됩니다.

1753년 레몬하르트 오일러는 자신이 페르마의 마지막 정리를 증명했다고 주장했지만 이 증명에는 오류가 있었습니다.

소피 제르맹은 페르마의 마지막 정리를 두 경우, 즉 ① x, y, z 중 어느 것도 n의 배수가 아닐 때 ② x, y, z 중 하나만이 n의 배수일 때로 나누고 100 이하의 n에 대해 경우 ①을 증명했습니다.

아드리앵 마리 르장드르는 제르맹의 방법을 확장하여

197 이하의 n에 대해 경우 ①을 증명했습니다.

　1825년, 페터 구스타프 르죈 디리클레가 n=5에 대해 경우 ②를 증명했고, 1832년에는 n=14인 경우의 페르마의 마지막 정리를 증명했습니다. 물론 이것은 n=7인 경우를 증명하면 자연히 증명되지만 n=7인 경우는 증명하지 못했습니다.

　1839년 가브리엘 라메가 n=7인 경우를 증명했지만, 이 증명은 너무나 복잡해서 새로운 접근법을 찾지 않으면 더 큰 n에 대해 증명하는 것이 불가능할 것처럼 보였습니다. 1847년 라메는 페르마의 마지막 정리를 증명했다고 파리 아카데미에 밝혔습니다. 그러나 얼마 후 쿠머가 37, 59, 67 등 특수한 경우에는 이 증명을 적용할 수 없다는 것을 알아냈습니다. 그 뒤 에른스트 에두아르트 쿠머, 디미트리 미리마노프, 아르투르 비페리히, 필리프 푸르트뱅글러, 해리 슐츠 밴디버 등이 이 특수한 경우들을 하나씩 해결해 냈으나, 1915년에 요한 옌센에 의해 이런 특수한 경우는 무한히 존재한다는 것이 밝혀졌습니다. 그래도 쿠머가 사용한 방법은 계속 적용되었고, 수학자들은 컴퓨터의 도움을 받아 1993년까지 n이 40000 이하인 경우는 페르마의 마지막 정리가 참이라는 것을 밝혔습니다.

1983년, 케르트 팔팅스는 $x^n+y^n=z^n$을 만족하는 정수는 많아야 유한개라는 크게 발전된 결과를 내놓았습니다. 그러나 이 '유한개'라는 것이 모든 n에 대해 0이 된다는 결과는 아무래도 나올 것 같지 않았습니다.

마침내 미국 프린스턴 대학의 앤드루 와일스가 1993년 6월, 영국 뉴턴 연구소에서 강의하면서 시무라-다니야마-베이유의 추측 일부를 증명하고, 이것을 적용하여 페르마의 마지막 정리를 증명했습니다. 그러나 12월 4일 와일스는 증명에 문제가 있다며 발표를 철회했고, 이듬해인 1994년 제자인 리처드 테일러와 함께 이 문제를 해결하려고 시도했습니다. 그리고 이 해 10월 6일, 와일스는 세 명의 다른 수학자에게 전 해의 증명보다 더 간단해진 새로운 증명을 보내 왔고, 페르마의 마지막 정리는 비로소 증명되었습니다.

페르마의 마지막 정리 증명에 상금이 걸려 있었다는 게 사실인가요?

1908년 파울 볼프스켄의 유언에 따라 괴팅겐 왕립과학원은 2007년 9월 13일을 기한으로 페르마의 마지막 정리를 증명하는 사람에게 10만 마르크의 상금을 걸었습니다. 이것은 페르마의 마지막 정리에 수많은 사람이 달려들어 잘못된 증명을 쏟아 내게 한 한편, 대중에게 이 문제를 널리 알리는 계기가 되었습니다. 1997년 6월 27일 와일스는 이 상금을 받았습니다.

〈SBC 과학드라마〉
마을금고의 비밀번호를 찾아라

Let's go
과학해결사

등장인물 소개

매트 시트콤의 주인공이다. 허튼 발명만 하는 아버지를 항상 존경하며 미래의 과학자를 꿈꾸는 소년. 과학해결사의 실질적인 대장으로 진취적이면서 모험심이 강하다.

신디 매트와 이란성 쌍둥이다. 공주병 기질이 있고 자신이 천재라고 믿는다. 하지만 실험에는 약하고 너무 이론적으로만 생각한다. 독서광이라 안 읽은 책이 없다.

아인 매트와 신디의 아빠. 40대의 홀아비로 엉뚱한 발명만 일삼고 혼자 있는 걸 좋아하지만 예쁜 여자도 좋아한다. 하지만 여자 앞에만 서면 부끄럼을 많이 타고, 옆집 수잔 아줌마를 짝사랑하지만 고백을 못하고 여자들에게 자주 놀림 받는다. 심지어 딸한테까지도……

주저브 경감 50대 중반의 혼자 사는 남자로 마을에서 일어나는 범죄 사건을 맡고 있다. 하지만 수사 능력이 별로 없어 거의 과학해결사가 처리해 줘야 할 판. 혼자 살면서 완고한 면도 있지만 인간성은 좋음.

수잔 자신이 퀸카라고 믿는 40대 과학 작가. 하지만 아직까지 베스트셀러는 낸 적이 없고 신경만 예민한 여자. 그래서 아인과 자주 충돌하지만 매트와 신디에게 복수를 당한다.

'띵- 띵- 띵—.'

아인의 다락방에서는 아침부터 괴상한 소리가 들려왔다. 이 소리에 잠이 깬 신디는 양손으로 귀를 틀어막으며 소리쳤다.

"또 시작이야, 또! 아빠! 제발요! 오늘은 학교도 안 가는 일요일인데 잠 좀 자자고요!"

몸을 비비 꼬더니 이불을 머리까지 뒤집어썼다. 몸부림치는 사람은 신디뿐만이 아니었다. 옆집에 사는 수잔은 온 집안의 창문을 닫느라 정신이 없었다.

"아인 박사……. 오늘은 아침부터 난리군! 저 요란한 소리는 또 뭐야? 창문을 닫아도 소용이 없네. 차라리 내가 이사를 가든지 해야지. 정말 이러다가 스트레스 받아서 제 명에 못 살 것 같아. 으휴."

매트도 이번에는 아빠의 편을 들 수가 없었다. 아무리 참으려 해도 참을 수 없는 소리는 계속되었다. 다락방으로 올라간 매트는 문을 두드렸다.

"아빠!"

'띵- 띵-.'

얼마나 연주에 열중을 하고 있는지 아인은 대꾸도 하지 않았다. 다행히 문은 잠겨 있지 않았다.

"아빠!"

그제야 아인은 한 줄로 만든 기타를 내려놓았다.

"아들! 안 그래도 너에게 보여 줄 게 있었다. 하하하. 아빠가 발명한 한 줄 기타! 어떠니?"

사실 매트는 할 말이 없었다. 한 줄 기타의 소리는 엉망이었으나 차마 그 사실을 말하고 싶지 않았다. 그런데 그 순간 짜증계의 여왕들이 들이닥쳤다. 신디와 수잔 아줌마는 화가 잔뜩 난 얼굴로 다락방 문 앞에 서 있었다. 양팔을 허리에 짚고 있는 모습이 마치 쌍둥이 같았다.

"아빠!"

"아인 박사님!"

두 사람은 역시 동시에 소리를 버럭 질렀다.

"수잔 여사! 이른 아침부터 무슨 일로 이런 누추한 곳에 오셨습니까?"

"아인 박사님, 이른 아침인 건 아시나요? 박사님의 시끄러운 발명품 때문에 아침 잠이 모두 달아났어요! 뿐만 아니라 엉망진창인 그 소리에 머리가 다 아플 지경이라고요!"

옆에 서 있던 신디도 거들었다.

"아빠! 정말 너무하세요. 아침부터……. 게다가 오늘은 일요일이라고요!"

아인은 머리를 긁적이며 특유의 멋쩍은 미소를 날렸다.

"하하하. 수잔 여사! 미안합니다. 하지만 잘 들어보면 멋진 소리인데……. 수잔 여사에게 드리는 저의 사랑의 세레나데라고나 할까요? 하하하."

"'사랑의 세레나데'라고요? 그만두세요. 저는 그 요상한 소리에 귀가 아프고 머리가 울려서 죽겠다고요. 쳇! 제발 조용히 좀 살자고요."

수잔 아줌마는 고개를 홱 돌렸다. 신디는 아인에게 다가오며 말했다.

"아빠! 나도 피해자라고요! 수잔 아줌마한테 들려주고 싶으면 수잔 아줌마네 집에 가서 귀에다가 들려주시지 그래요? 저한테까지 그 세레나데를 들려주실 필요는 없는 것 같은데요? 흥!"

아인은 궁지에 몰린 생쥐 꼴이었다. 매트는 기타를 살펴보다가 좋은 생각이 떠올랐다.

"다들 기분 푸세요! 하하하."

다락방의 분위기는 펭귄이 왔다가도 얼 정도로 냉각되었다.

"제가 아빠의 세레나데를 한층 아름답게 연주하실 수 있도록 도와드릴게요."

매트는 다락방을 두리번거리며 기타 줄을 찾았다. 8개의 길이가 다른 줄을 기타에 매기 시작했다. 신디는 못마땅한 표정으로 말했다.

"너까지 아빠의 세레나데에 가세하겠다는 거야? 쳇! 나는 정말이지…… 싫다고!"

신디는 차마 옆에 서 있는 수잔이 싫다고 말할 수 없었다. 하지만 수잔은 눈치가 꽤 빠른 여자였다.

"신디야! 나도 너희 아빠의 세레나데를 듣고 싶은 생각

이 없거든? 전 이만 가 보겠어요!"

수잔은 기분이 언짢아졌는지 차갑게 돌아섰다. 아인은 안절부절못하였다.

"수잔 여사! 이렇게 가시면 어떡합니까?"

"전 단지 시끄러우니까 조용히 해 달라고 말하려고 온 것뿐이에요. 제 할 말은 다했으니까 돌아가야죠!"

"수잔 여사, 차라도 한잔 하시고 가세요. 네? 이렇게 가시면 제 마음이 찢어집니다."

"아빠!"

신디는 소리를 빽 지르며 아인의 팔을 잡았다. 그때 옆에서 낑낑대며 기타에 줄을 매고 있던 매트가 일어났다.

"완성! 아빠, 수잔 아줌마, 신디! 다들 집중하세요. 제가 최고의 하프를 연주해 드릴게요."

매트는 하프로 변신한 기타를 들었다. 그리고 연주를 시작했다.

"따라라라라~."

약간은 어설프지만 아인의 한 줄 기타와는 비교도 되지

않을 만큼 아름다운 선율이었다.

"어머!"

수잔은 감성이 매우 풍부했다. 두 눈을 지그시 감으며 하프 소리에 푹 빠져 들었다. 아인과 신디도 매트의 하프 연주에 놀란 기색이었다.

"야! 매트! 어떻게 만든 거야? 굼벵이도 구르는 재주가 있다더니, 웬일이래?"

신디는 특유의 비꼬는 듯한 말투로 매트에게 말했다. 매트는 연주를 멈추었다.

"아주 간단해. 줄의 길이를 다르게 하면 서로 다른 음을 만들 수 있어. 낮은 '도' 음을 내는 줄의 길이를 1이라고 했을 때 줄의 길이를 $\frac{2}{3}$로 하면 5도 위 음인 '솔'이 나오고, 줄의 길이를 $\frac{1}{2}$로 하면 8도 위 음인 높은 '도'가 나와. 그리고 '솔'에서 5도 높이면 높은 '레'가 되니까 높은 '레'의 줄 길이는 $\frac{2}{3} \times \frac{2}{3} = \frac{4}{9}$가 되고 높은 '레'에서 8도 낮추면 낮은 '레'가 되니까 낮은 '레'의 줄의 길이는 $\frac{8}{9}$이 되지. 이런 식으로 하면 낮은 '도'부터 높은 '도'까지 소리를 내는 줄의 길이는 다음과 같아."

매트는 순간 선생님이라도 된 듯이 화이트보드에 판서를 하기 시작했다.

낮은 도 = 1

레 = $\frac{8}{9}$

미 = $\frac{64}{81}$

파 = $\frac{3}{4}$

솔 = $\frac{2}{3}$

라 = $\frac{16}{27}$

시 = $\frac{128}{243}$

도 = $\frac{1}{2}$

신디와 아인, 수잔은 매트의 설명에 영 흥미가 없었다. 모두 신기한 하프만 바라보았다. 매트는 민망하여 화이트보드를 한쪽으로 치웠다.

"수잔 여사. 저의 마음입니다. 하하하."

아인은 느끼한 미소로 윙크를 하며 하프를 연주하기 시작했다. 그리고 노래를 부르기 시작했다.

"You are so beautiful~."

수잔은 또 두 눈을 감고 두 손을 모은 뒤 몸을 살짝 흔들거리며 음악에 푹 빠져 들었다. 신디는 한숨을 내쉬며 고개를 절레절레 저었다. 아인은 매트에게 눈짓을 했다. 그러자 매트는 살며시 오디오로 다가가 수잔이 모르게 볼륨을 살짝 높였다. 신디는 다락방을 내려오며 중얼거렸다.

"립 싱크하는 아빠도 웃기지만 오디오 소리를 아빠가 연주하는 소리라고 생각하다니……. 세 살짜리 아기도 알아차리겠는데……. 수잔 아줌마가 더 웃기네. 으휴. 아무튼 다들 못 말려. 난 아빠 때문에 못 잔 잠이나 더 자야겠다."

수잔은 입이 찢어질 정도로 하품을 늘어지게 하며 방으로 들어갔다.

다음날 신디와 매트는 늑장을 부리는 바람에 헐레벌떡 학교로 뛰어갔지만 지각을 하고 말았다. 첫 번째 시간은 신디가 가장 좋아하는 수학 시간이었다. 수학이라는 과목을 좋아하는 것도 있지만 수학을 가르치는 매토앙 선생님은 학교에서 가장 인기 있는 꽃미남 선생님이셨다. 한편으로는 학생부의 가장 무서운 선생님으로도 유명했다. 신디와 매트가 교실 뒷문에 도착했을 때 매토앙 선생님은 이미 출석을 부르고 계셨다. 살금살금 문을 열고 교실로 들어오는데 매토앙 선생님의 호통이 시작되었다.

"스톱! 뒤에 도둑고양이처럼 몰래 들어오는 녀석 둘! 앞으로 나와!"

신디와 매트는 서로 티격태격하며 앞으로 나왔다.

"쌍둥이! 수업 시작한 지 5분이 지났는데 왜 이제야 들어오는 거지?"

신디는 당돌하게 말했다.

"매트 때문에 늦었습니다."

"뭐? 매트 때문에?"

"매트가 늑장을 부리는 바람에 기다리다가……."

매트는 너무 억울했다. 사실 아침에 신디가 머리를 말리고 가야 한다며 욕실에서 몇십 분 동안 나오지 않아 지각을 하게 된 것이었다.

"매트 이 녀석! 다음부터는 서둘러서 오도록 해! 너 때문에 죄 없는 신디도 지각을 하게 됐잖아! 이번에는 경고만 주도록 하겠어! 둘 다 자리로 가서 앉아!"

신디는 매트를 보며 혀를 내밀었다.

"메롱."

매트는 신디의 머리를 쥐어박고 싶었지만 영리한 신디는 분명히 또 자기에게 뒤집어씌울 게 분명했다.

"자, 반장! 인사!"

매트는 자리에서 일어나 반 아이들을 둘러보았다.

"차렷! 경례!"

"안녕하세요."

"잠깐, 애들아! 우리 수학 시간에는 조금 특별하게 인사를 하도록 하자. 앞으로 인사할 때 내가 220이라고 말하면 너희는 284라고 대답하는 거야! 어때?"

"네?"

아이들은 모두 어리둥절해하며 수군거렸다. 매트는 나

지막한 소리로 짝꿍 도니에게 말했다.

"도니야. 도대체 220과 284라는 수가 무슨 의미지?"

그러자 신디가 여유로운 웃음을 지으면서 매트를 보며 말했다.

"호호호. 220과 284는 친구수야! 220의 약수 중에서 자기 자신을 제외한 수들의 합은 284가 되고, 284의 약수 중에서 자기 자신을 제외한 수들의 합은 220이 되거든! 즉, 이런 두 수를 서로 친구수라고 부르지!"

똑 부러지는 신디의 설명에 반 아이들은 감탄을 하였고, 몇 명은 박수도 쳤다. 매토앙 선생님은 신디를 보며 말했다.

"역시 이 반에서는 신디가 수를 가장 잘 알고 있구나. 하하하. 기특한 녀석!"

"뭐……. 이 정도는 기본이죠! 호호호."

"그래. 신디는 잘난 척하는 것만 빼면 딱 내 이상형인데……. 하하하."

"선생님……."

신디는 입을 삐죽거렸다. 반면에 반 아이들은 잘난척쟁

이 신디가 선생님께 당하자 한바탕 웃음보를 터뜨렸다.
 '똑똑똑.'
 교실의 앞문이 열렸다. 담임인 루디 선생님이셨다. 루디 선생님은 문을 열고 얼굴만 빠끔히 내밀며 말했다.
 "저…… 매토앙 선생님, 죄송합니다. 아이들에게 급하게 공지할 사항이 있어서요."
 매토앙 선생님의 얼굴은 빨간 사과처럼 달아오르고, 얼굴 표정은 아이스크림처럼 부드러워졌다.
 "루…… 루디 선생님, 죄송하긴요. 하하하. 말씀하십시오, 얼마든지!"
 "네, 감사합니다. 얘들아! 오늘 선생님이 병원에 갈 일이 있어서 다음 시간 수업을 못 할 것 같구나. 그래서 말인데 30분만 조용히 자습할 수 있겠니?"
 "네!"
 "야호!"
 반 아이들은 수업을 안 한다는 루디 선생님의 말에 신이 나서 웅성거리기 시작했다. 매토앙 선생님은 교탁을 치며 아이들을 조용히 시켰다.

"루디 선생님! 제가 마침 다음 시간에 수업이 없습니다. 제가 선생님께서 오실 때까지 아이들을 조용히 자습시키겠습니다. 아무 걱정 마시고 다녀오세요. 그런데 어디 아프십니까?"

"아…… 아니에요. 아무튼 고맙습니다. 빨리 다녀오겠습니다."

루디 선생님은 조용히 문을 닫고 나갔다.

"에이……."

아이들은 모처럼의 공강 시간이 없어지자 모두 아쉬워했다. 매토앙 선생님은 루디 선생님이 나가자 다시 표정이 굳어졌다.

"조용!"

"그런데 루디 선생님 안색이 너무 안 좋지 않냐? 금방이라도 쓰러지실 것 같아……."

매트의 짝꿍 도니가 조용히 속삭였다. 매토앙 선생님은 도니의 말에 신경이 쓰였다.

'우리 어여쁜 루디 선생님……. 많이 아프면 안 되는데, 걱정 되네…….'

매토앙 선생님은 루디 선생님이 걱정되어 수업을 제대로 할 수가 없었다.

"애들아! 선생님이 잠깐 교무실에 다녀올 테니까 반장 매트! 내가 올 때까지 조용히 시키고 있어. 떠들면 알지?"

"네."

매토앙 선생님은 교실에서 나와 루디 선생님을 찾았다. 다행스럽게도 루디 선생님은 아직 학교를 나서지 않았다. 매토앙 선생님은 운동장을 가로질러 걸어가는 루디 선생님에게 달려갔다.

"루디 선생님!"

누군가 부르는 소리에 루디 선생님은 뒤를 돌아보았다. 매토앙 선생님이 숨을 헐떡거리며 뛰어오고 있었다.

"매토앙 선생님! 무슨 일이세요?"

매토앙 선생님은 덩치에 어울리지 않게 수줍어하며 말했다.

"선생님은 6이에요."

"네?"

뜬금없이 "선생님은 6이에요."라는 말만 남긴 채 매토앙 선생님은 교실로 되돌아갔다. 루디 선생님은 어리둥절했다. 병원에 다녀온 뒤 교무실에 앉아 있는 루디 선생님에게 매토앙 선생님이 다가갔다.

"루디 선생님!"

"네? 참, 그런데 아까 저한테 6이라고 하셨는데……. 그게 무슨 말씀이세요?"

"그…… 그건…… 6의 진약수는 1, 2, 3이죠. 이들을 더해 보세요."

루디 선생님은 고개를 갸우뚱하며 손가락을 하나씩 세어 가며 말했다.

"1+2+3은 6이네요."

"이런 성질을 가지는 수를 완전수라고 하지요. 즉, 선생님은 6처럼 완전하다는 뜻입니다. 하하하."

"어머…… 선생님도 참……. 호호호."

루디 선생님의 볼이 발그레해졌다. 이를 지켜보고 있던 레이첼 선생님이 일어나 매토앙 선생님에게 다가갔다.

"매토앙 선생님! 그럼 저는 무슨 수죠? 행운의 수 7인가요? 호호호."

"레이첼 선생님은 8이죠. 그럼 전 수업이 있어서 이만!"

매토앙 선생님은 짤막하게 대답하고 나서 교무실을 나갔다.

"8이라고? 8은 뭐지?"

사실 레이첼 선생님은 매토앙 선생님을 짝사랑하고 있었다. 하지만 매토앙 선생님은 루디 선생님을 좋아했기 때문에 그녀의 마음을 모른 척하고 있었다.

'딩- 동- 댕- 동-.'

수업종이 울렸다. 레이첼 선생님은 수업을 하기 위해 매트의 반으로 들어갔다.

"반장!"

"차렷! 경례!"

"안녕하세요."

"음. 그래. 참! 이 반에서 누가 수학을 가장 잘하지?"

"신디요!"

반 아이들은 입을 모아 신디를 호명하며 바라보았다. 신디는 콧대가 하늘을 찌를 듯 고개를 쳐들며 웃어 댔다.

"어머! 호호호."

"신디야! 선생님이 뭐 좀 물어볼게."

"뭐…… 수학과 관련된 거라면 뭐든지 저 신디에게 물어보세요. 호호호."

아이들은 신디의 공주병에 몸부림을 쳤다. 레이첼 선생님도 잘난척 공주 신디에게 물어보고 싶지 않았지만 도저히 궁금증을 참을 수 없었다.

"신디야. 숫자 8이 무슨 의미를 담고 있니? 예를 들면 6은 완전하다는 의미라던데?"

"아하. 8의 진약수는 1, 2, 4예요. $1+2+4=7$이 되어 8보다 작으니까 이런 수를 부족한 수라고 하죠. 즉, 사람으로 따지면 부족하거나 모자란 사람이라고 할 수 있죠."

"뭐?"

레이첼 선생님은 몸이 부들부들 떨렸다.
'이런…… 내가 모자란 사람이라고……? 으휴!'
"여러분! 오늘은 자습이에요!"
화가 난 레이첼 선생님은 도저히 수업을 진행할 수가 없었다. 매트 반의 아이들은 웅성거렸다.
"야! 오늘 무슨 날인가? 선생님들이 모두 자습하라고 하시네. 하하하."
"매일 오늘 같았으면 좋겠다. 야호!"

며칠 뒤 루디 선생님의 생일이 왔다. 반 아이들은 담임 선생님의 생일을 축하하기 위하여 깜짝 파티를 준비하느라 분주했다. 이중에서도 매트는 가장 열심이었다. 하지만 한 사람, 신디만은 전혀 관심이 없었다.
"신디야! 이 풍선 좀 불어 줄래?"
"내가 왜?"
"어?"
"내가 왜 이 풍선을 불어야 하는데?"

"아니야. 됐다."

신디의 도도함은 정말 이 세상에 따라올 자가 없었다. 루디 선생님은 즐거운 마음으로 출근을 했다. 교무실 책상 위에는 꽃과 선물들이 놓여 있었다.

"루디 선생님, 생일 축하합니다."

동료 선생님들이 축하의 인사를 전했다.

"감사합니다. 정말 감사해요."

마음이 여린 루디 선생님의 큰 눈에 감동의 눈물이 고였다. 자리에 앉자 선물들 중에 빨간색 상자가 눈에 띄었다.

"어머…… 이게 뭐지?"

상자를 열어보니 48이라는 수가 크게 새겨진 노란색 티셔츠가 깔끔하게 접혀 있었다. 그리고 그 위에는 카드가 놓여 있었다.

'생일 축하합니다. - 매토앙'

"너무 예쁘다. 입어 볼까?"

루디 선생님은 아침에 오는 길에 토스트를 먹다가 옷에 소스가 묻어 옷을 빨려던 참에 잘됐다 싶어 냉큼 노란색 티셔츠로 갈아입었다.

"어머, 정말 예쁘네."

매토앙 선생님에게 고맙다는 인사를 하려는데 모습이 보이지 않았다.

'어디 가셨지?'

아침 조회를 하기 위해 반으로 향했다. 교실의 앞문을 열자 폭죽이 터지고 꽃가루가 흩날렸다.

"어머! 얘들아……."

"선생님! 생신 축하드려요! 와아."

루디 선생님은 아이들의 깜짝 선물에 가슴이 뭉클했다. 두 눈에서는 눈물이 뚝뚝 떨어졌다.

"얘들아…… 흑흑…… 정말 고마워……."

"축하합니다. 루디 선생님!"

아이들의 목소리 틈에 굵직한 남자 목소리가 들렸다. 매토앙 선생님이었다.

"선생님! 안 그래도 옷 선물 감사하다고 말씀드리려고 찾았는데 여기 계셨네요. 감사합니다."

"아니에요, 하하하. 정말 잘 어울리네요. 하하하."

꽃가루가 다 떨어지자 루디 선생님은 매토앙 선생님이 입고 있는 티셔츠로 눈길이 갔다. 같은 노란색의 티셔츠에 디자인도 같았다. 단지 숫자만 75라고 새겨져 있었다.

"어! 선생님 두 분 커플티 아니에요? 우와."

반 아이들은 호들갑을 떨기 시작했다. 매트는 자신이 좋아하는 루디 선생님과 매토앙 선생님이 커플처럼 보이는 것에 기분이 상했다.

'뭔가 이상해……. 냄새가 나…….'

매트는 교실에서 살짝 빠져나와 과학자 사전을 열었다.

"사이언!"

"띠리띠리~. 무슨 일이야?"

"숫자 48이랑 75랑 무슨 관계야?"

"잠깐만……."

사전의 화면이 깜박이더니 글이 나타났다.

'48의 약수는 1, 2, 3, 4, 6, 8, 12, 16, 24, 48이고 75의 약수는 1, 3, 5, 15, 25, 75이다. 이때 48의 1과 자기 자신

을 뺀 나머지 약수들의 합은 75이고, 75의 1과 자기 자신을 뺀 나머지 약수들의 합은 48이다. 이런 관계에 있는 두 수를 부부수라고 부른다.'

매트는 주먹을 불끈 쥐며 사전을 닫았다.

"부부수? 내가 이럴 줄 알았지……."

교실로 들어간 매트는 케이크를 먹고 있는 루디 선생님께 다가가 말했다.

"선생님, 잠시 드릴 말씀이 있어요."

"응? 그래. 잠깐만……."

반 아이들은 준비한 과자와 음료수를 먹느라 정신이 없었다. 교실 밖으로 나온 루디 선생님은 얼굴에 기쁨이 한가득 넘쳐 보였다.

"매트? 무슨 일이야?"

"선생님! 그 옷 당장 벗으세요!"

"어? 뭐라고? 어머……, 여기에서 어떻게 옷을 벗니? 매트, 너 지금 선생님을 놀리는 거야?"

"그런 게 아니라……. 아무튼 벗으세요!"

매트는 루디 선생님의 티셔츠를 잡고 벗어젖히려고 했다.
"매트! 옷 늘어나. 왜 그러니?"
그때 하필이면 매토앙 선생님이 교실 밖으로 나왔다.
"매트! 너 뭐하는 거야?"
"매토앙 선생님! 75랑 48은 부……."
매토앙 선생님은 잽싸게 매트의 입을 틀어막았다.
"하하하. 매트야, 너 뭐 먹고 싶은 거 없니? 선생님이랑 잠깐 얘기 좀 할까? 루디 선생님은 교실로 어서 들어가세요. 주인공이 빠지면 됩니까? 하하하."
매토앙 선생님의 이마에는 식은땀이 흘러내렸다.

이후로 매토앙 선생님은 매트를 주시하기 시작했다.
'매트……. 이 녀석이 번번이 루디 씨와 나의 사랑을 막고 있어. 복수할 테다! 좋은 방법이 없을까? 음……. 아하!'
좀 치사하기는 하지만 매토앙 선생님은 매트 반에만 어려운 수행평가 문제를 내기로 했다.

"여러분! 내 홈페이지에 이번 수행평가 문제를 올려놨어요. 반드시 일주일 안에 이 문제를 풀어야 합니다. 특히 매트! 으흠."

매트와 신디는 학교 수업이 끝나자마자 곧장 집으로 돌아와 컴퓨터를 켰다. 매토앙 선생님의 홈페이지에 들어가자 수행평가 문제가 공지사항에 떠 있었다.

PRIME
누가장미작물은기본원소와수목원에는

"이게 뭐야?"

이번에는 수학의 여왕 신디도 모르는 것 같았다. 매트와 신디는 모니터를 바라보며 고개만 갸우뚱거리며 한숨만 내쉬기 시작했다. 아인은 아이들이 방에서 나오지 않자 매트의 방으로 들어왔다.

"웬일로 둘이 조용하나?"

"아빠! 수학 문제가 있는데 도저히 어떻게 풀어야 할지

감이 안 잡혀요."

아인은 모니터를 들여다보았다.

"아, 이 문제!"

"아빠, 풀 수 있어요?"

"그럼!"

신디와 매트는 표정이 밝아졌다. 아인은 거만한 자세를 취하며 말했다.

"이거 아주 쉽지!"

"빨리 알려 주세요. 저희 벌써 한 시간째 머리만 굴리고 있어요."

"하지만! 가르쳐 줄 수 없어!"

"네?"

"이건 숙제니까 너희들이 알아서 풀어야지! 하하하."

아인은 크게 웃으며 방을 나갔다. 매트와 신디는 너무 허무했다. 믿었던 아빠에게 버림을 받은 기분이라고나 할까? 신디는 날카로운 눈빛으로 방문을 쳐다보며 말했다.

"아빠 말이야…… 분명히 모르시는 거야! 괜히 허풍을

떠신 거지!"

"사실 나도 그렇게 생각해……."

이번에는 웬일인지 항상 아빠 편이던 매트도 신디의 의견에 동의하였다. 매트는 어쩔 수 없이 과학자 사전을 열었다.

"사이언!"

"띠리띠리~. 숙제는 안돼!"

"한 번만……. 매토앙 선생님의 숙제는 꼭 해야 해! 사나이 자존심이 걸린 문제야!"

"좋아. 그럼 힌트만 줄게. 페르마! 그럼 이만."

과학자 사전은 저절로 꺼졌다.

"페르마?"

매트는 혼자 중얼거렸다. 신디는 귀를 쫑긋 세우고 있다가 말했다.

"페르마는 소수 연구를 한 수학자야!"

"그래? 신디! 그럼 소수는 영어로 뭐지?"

"음……. 소수는 영어로 PRIME NUMBER?"

181

"아하! 바로 그거야."

매트는 뭔가 알아낸 듯이 고개를 끄덕였고, 신디는 아직도 얼굴에 궁금증이 한가득했다.

"아무 의미도 없는 이 문장에 수를 붙여 보는 거야!"

"뭐?"

"봐 봐!"

매트는 종이에 무언가를 적어 내려가기 시작했다.

1	2	3	4	5	6	7	8	9	10
누	가	장	미	작	물	은	기	본	원
11	12	13	14	15	16	17			
소	와	수	목	원	에	는			

"이게 뭐야?"

신디는 전혀 눈치를 채지 못한 듯했다. 매트는 그런 신디를 보며 말했다.

"여기에서 소수인 글자만 떼어 내 봐!"

"소수? 2, 3, 5, 7, 11, 13, 17."

"그럼 그 숫자에 있는 글만 읽어 봐!"

"가장 작은 소수는……?"

"바로 이게 문제였어! 가장 작은 소수! 정답은 2야!"

신디는 갑자기 자존심이 상했다. 수학에서는 자기가 최고라고 생각했는데 매트가 먼저 문제를 풀자 기분이 안 좋았다. 그것도 모르고 매트는 신이 나서 매토앙 선생님에게 메일을 보냈다.

"신디! 너도 얼른 매토앙 선생님한테 메일 보내!"

"내가 푼 문제도 아닌데 왜 보내? 쳇! 너 지금 잘난 척하는 거야? 난 차라리 혼나고 말겠어. 그리고 너가 이렇게 요란하게 문제를 풀지 않았다면 나 혼자서도 충분히 풀 수 있는 문제였어!"

신디는 괜히 화를 내며 방에서 나갔다. 일주일 뒤에 매토앙 선생님은 어쩔 수 없이 유일하게 답을 맞힌 매트를 칭찬하였다.

'매트 녀석 골탕 먹이려다가 오히려 칭찬만 하게 되다니……. 에잇!'

이번 일로 신디는 큰 충격을 받은 것 같았다. 평소에도 싸늘하기는 했지만 항상 당당했었다. 하지만 수행평가 이후 심각한 우울증으로 말도 하지 않고 매일같이 수학 책만 들고 다니며 공부했다. 아인과 매트는 예전의 신디로 되돌릴 방법을 찾느라 고민했다.

"아빠, 정말 큰일이에요. 신디가 톡톡 쏘기는 하지만 자신감 하나는 넘쳤는데……."

"그러게……. 신디가 좀 버릇이 없기는 하지만 뒤끝 없이 유쾌했는데……."

두 남자는 소파에 앉아 주방에서 설거지하는 신디를 쳐다보았다.

'따르르릉~.'

"여보세요?"

"매트구나. 나 주저브 경감이다."

"주저브 아저씨? 무슨 일이세요?"

"신디 집에 있니? 신디가 우리 동네에서 수학을 가장 잘한다고 해서……. 신디의 도움이 필요하다."

"잠시만요. 신디야!"

신디는 어깨를 축 늘어뜨리고 전화를 받으러 터벅터벅 걸어왔다.

"여보세요."

"신디 양? 난 주저브 경감이네. 자네가 우리 동네에서 수학을 가장 잘한다고 해서 전화했네. 마을은행의 비밀번호를 유일하게 알고 있는 은행장이 교통사고로 죽었어. 그

은행장은 아마추어 수학자로 유명한데……."

신디는 주저브 경감의 말을 자르며 말했다.

"수학은 저보다 매트가 더 잘 해요. 전 수행평가도 제대로 풀지 못했는 걸요……."

신디는 수화기를 매트에게 내밀었다. 매트는 너무 난감했다.

"신디야! 너라면 잘 해낼 수 있을 거야! 네가 받아!"

"아니, 난 너보다 수학을 못해! 너 지금 나 동정하는 거야? 네가 뭐라고 나를 동정해?"

"나도 몰라!"

매트는 자리에서 일어나 빠르게 화장실로 갔다. 신디는 어쩔 수 없이 수화기를 다시 귀에 대었다.

"말씀하세요."

"어…… 그래! 비밀번호의 힌트가 수학으로 되어 있단다. 비밀번호를 알아내지 못하면 금고를 못 열어서 마을 사람들이 돈을 찾을 수가 없어. 비밀번호 힌트는……. 잠깐! 메모할 준비가 됐니?"

"잠깐만요."

신디는 종이와 볼펜을 꺼내었다. 그 사이 매트는 다시 돌아와 소파에 앉았다.

"준비 됐어요."

"그래. 부를 테니까 잘 받아 적어라. 7, 9, 11 / 1 / 13, 15, 17, 19 / 3, 5."

"7, 9, 11 / 1 / 13, 15, 17, 19 / 3, 5? 맞나요?"

"맞구나! 빨리 해독 좀 해 주렴. 전화 기다릴게."

수화기를 내려놓고 신디는 숫자들을 뚫어져라 쳐다보았다. 매트는 그 사이 몰래 과학자 사전을 열었다. 그리고 신디가 눈치 채지 못하게 사이언을 부르지 않고 검색창에 신디가 적어 놓은 수를 입력했다. 화면이 깜박거리며 무언가 나오려던 찰나에 갑자기 전원이 꺼졌다.

"배터리가 없네……."

"과학자 사전은 필요 없어!"

매트는 깜짝 놀랐다. 신디의 뒤통수에 눈이라도 달렸는지 매트의 행동을 훤히 내다보는 듯했다.

"비밀번호는 3142야!"

"뭐?"

매트는 주저브 경감에게 전화했다.

"아저씨, 신디가 풀었대요. 3142라고 하네요."

"잠깐만 기다리렴."

수화기 너머로 버튼을 누르는 소리가 들렸다. 그리고 마침내 금고가 열리는 소리가 울려 퍼졌다.

"오, 신디에게 고맙다고 전해주렴. 역시 신디가 수학의 여왕이구나! 하하하. 그럼 난 바빠서 이만!"

신디는 매트의 전화 통화를 안 듣는 척하면서 귀를 쫑긋 세워서 다 듣고 있었다.

"으흠. 뭐 그 정도 가지고 난리야? 호호호."

신디의 거만한 웃음소리가 드디어 나왔다. 매트와 아인은 다시 예전으로 돌아온 신디가 마냥 반가웠다.

"신디! 그런데 어떻게 비밀번호를 푼 거야?"

"간단하지. 뭐, 너한테는 어려울 수도 있고! 모든 수가 홀수잖아? 홀수들의 합은 재미있는 성질이 있거든. 펜 좀 줘봐! 특별히 설명해 주도록 하지."

신디는 다리를 꼬고 앉아 펜을 잡았다.

"다음과 같은 관계식이 성립되지. 잘 봐!"

$1 = 1^3$

$3 + 5 = 2^3$

$7 + 9 + 11 = 3^3$

$13 + 15 + 17 + 19 = 4^3$

펜을 꾹꾹 눌러 가며 최대한 도도한 자세로 써 내려갔다. 매트는 돌아온 잘난척 공주 신디의 모습에 하마터면 웃음이 나올 뻔했다. 아인 역시 고개를 저으며 못 말리는 딸의 도도함에 두 손 두 발을 다 들었다.

"자! 그래서 1은 1을, 3, 5는 2를, 7, 9, 11은 3을, 13, 15, 17, 19는 4를 각각 나타내는 거야. 알겠어?"

"아하, 그렇구나! 정말 신디 너는 대단해!"

"우리 딸 최고로 똑똑하구나! 하하하."

매트와 아인은 최대한 오버 액션을 하며 신디의 기분을 띄워 주었다. 신디는 칭찬에 몸이 둥실 뜨는 것 같았다.

"호호호. 아빠, 이건 기본이라고요. 뭐, 매트는 감히 상상도 할 수 없었겠지만……. 호호호."

신디는 어깨를 쫙 펴고 등을 꼿꼿이 세워 마치 모델처럼 걸어서 주방으로 돌아갔다. 그리고 콧노래를 부르며 설거지를 하기 시작했다.

이 책에 나오는 과학자들

피타고라스 ★ Pythagoras, BC 582?~BC 497?

그리스의 종교가·철학자·수학자인 피타고라스는 만물의 근원을 '수'로 보았으며, 수학에 기여한 공적이 매우 커 플라톤, 유클리드를 거쳐 근대에까지 영향을 미쳤다. 피타고라스는 피타고라스 정리와 완전수 연구로 유명하다. 오늘날 피타고라스 정리의 증명법은 유클리드에서 유래하였다.

가우스(카를 프리드리히 가우스)
★ Karl Friedrich Gauss, 1777.4.30~1855.2.23

독일의 수학자인 가우스는 대수학·해석학·기하학 등 여러 방면에 걸쳐서 뛰어난 업적을 남겨 '19세기 최대의 수학자'라고 일컬어진다. 수학을 이용한 물리학 연구에도 앞장섰다. 허수를 발견하고 휘어진 면의 기하학을 연구한 것으로 유명하다.

피보나치(레오나르도 피보나치)
★ Leonardo Fibonacci, 1170?~1250?

이탈리아의 수학자인 피보나치는 아라비아에서 발달한 수학을 섭렵하여 이를 정리·소개함으로써 유럽 여러 나라의 수학을 부흥시킨 최초의 인물이다. 1202년에 저술한 『주판서』는 당시 수학서의 결정판이며, 피보나치 수열을 통해 수열 연구의 발전을 가져왔다.

유클리드 ★ Euclid, BC 330?~BC 275?

유클리드는 기원전 300년 경에 활약한 그리스 수학자로 그리스기하학, 즉 '유클리드기하학'을 이룩한 사람이다. 그의 저서 『원론』은 기하학에 있어서 최고의 책으로 불리며 피타고라스 정리 등 많은 기하학의 정리를 증명하였다.

에라토스테네스 ★ Eratosthenes, BC 276~BC 194

그리스의 수학자·천문학자·지리학자인 에라토스테네스는 소수를 발견하는 방법으로서 에라토스테네스의 체(코스키콘)를 고안하고, 해시계로 지구의 둘레 길이를 처음으로 계산하였다. 지리상의 위치를 위도·경도로 표시한 최초의 과학자로 알려져 있다.

페르마(피에르 드 페르마)
★ Pierre de Fermat, 1601.8.17~1665.1.12

프랑스의 수학자인 페르마는 17세기 최고의 수학자로 손꼽힌다. 근대의 정수 이론 및 확률론의 창시자로 알려져 있고, 유명한 페르마의 마지막 정리를 남겼다. 또한 그는 좌표기하학을 확립하여 미분의 기본 원리를 찾아내는 데에도 크게 기여하였다

오일러(레온하르트 오일러)
★ Leonhard Euler, 1707.4.15~1783.9.18

오일러는 스위스의 수학자·물리학자로서 수학·천문학·물리학뿐만 아니라 의학·식물학·화학 등 많은 분야에 걸쳐 광범위한 연구를 수행하였다. 수학 분야에서 미분학과 적분학을 발전시키고 변분학을 창시하였으며, 대수학·정수론·기하학 등 여러 방면에 걸쳐 큰 업적을 남겼다.

메르센(마랭 메르센)
★ Marin Mersenne, 1588.9.8~1648.9.1

메르센은 프랑스의 물리학자·수학자로서 여러 나라의 학자들과 널리 서신 왕래를 하여 학문적인 의견을 교환하였다. 당시 그를 중개자로 하여 학자 간의 의견 교류와 연구 결과 보고가 이루어졌다. 그는 음향학 연구에도 크게 기여하였고, 메르센 소수라는 특별한 소수를 찾는 일반적인 공식을 찾아냈다.

골드바흐 (크리스티안 골드바흐)
★ Christian Goldbach, 1690.3.18~1764.11.20

러시아의 수학자인 골드바흐는 1725년 상트페테르부르크에 있는 제국 아카데미의 수학·역사학 교수가 되었다. 3년 뒤 차르 표트르 2세의 개인교사가 되어 모스크바에 갔고, 1742년부터는 러시아 외무부에서 일했다. 그는 '모든 짝수 자연수는 두 소수의 합과 같다'는 골드바흐 추측을 발표했는데, 이 추측은 아직까지 증명되지 않고 있다.

앤드루 와일스 (앤드루 존 와일스)
★ Andrew John Wiles, 1953.4.11~현재

영국 옥스퍼드 대학교에서 수학을 공부하고 케임브리지 대학교 수학과 대학원 과정을 마친 뒤 미국 프린스턴 대학교의 수학과 교수가 된 와일스는 1994년에 300년 동안 증명되지 않았던 페르마의 마지막 정리를 증명하는 데 성공하였다. 그는 이 업적으로 필즈상의 공로상을 받았다.

초판 인쇄 | 2007년 12월 28일
초판 발행 | 2008년 1월 4일

지은이 | 정완상
펴낸이 | 심만수
펴낸곳 | (주)살림출판사
출판등록 | 1989년 11월 1일 제9-210호

주소 | 413-756 경기도 파주시 교하읍 문발리 파주출판도시 522-2
전화 | 031)955-1350   기획·편집 | 031)955-1372
팩스 | 031)955-1355
이메일 | salleem@chol.com
홈페이지 | http://www.sallimbooks.com

ISBN 978-89-522-0748-7 74400
     978-89-522-0742-5 74400(세트)

* 잘못된 책은 구입하신 서점에서 바꾸어 드립니다.
* 저자와의 협의에 의해 인지를 생략합니다.

값 8,500원